누구보다
아스널
전문가가
되고싶다

초판 1쇄 펴낸 날 | 2017년 9월 15일
초판 2쇄 펴낸 날 | 2019년 4월 26일

지은이 | 이성모
펴낸이 | 홍정우
펴낸곳 | 브레인스토어

책임편집 | 이상은
편집진행 | 양은지
디자인 | 이유정
마케팅 | 이수정

주소 | (04035) 서울특별시 마포구 양화로7안길 31 (서교동, 1층)
전화 | (02)3275-2915~7
팩스 | (02)3275-2918
이메일 | brainstore@chol.com
페이스북 | http://www.facebook.com/brainstorebooks

등록 | 2007년 11월 30일(제313-2007-000238호)

잉글리시 프리미어리그
EPL 시리즈 3_아스널

누구보다
아스널
전문가가
되고싶다

이성모 지음

bs

브레인스토어

누구보다
아스널 그리고 EPL 전문가가
되고 싶은 분들께

2017년 8월 23일, 아스널의 홈구장 에미레이츠 스타디움에서 약 30분 거리에 있는 북런던의 한 작은 마을에서 이 글을 씁니다. 브레인스토어를 통해 출간하는 '잉글리시 프리미어리그 시리즈'의 1, 2편(첼시, 맨체스터 유나이티드)이 나온 후로 제법 오랜 시간이 흘렀습니다. 그 동안 다음 편 『누구보다 아스널전문가가 되고싶다』는 언제 나오느냐는 질문을 해 주신 분들이 많았습니다. 너무 오랜 시간이 걸려 죄송하고 기다려 주신 모든 분들께 감사하다는 말씀부터 가장 먼저 드리고 싶습니다.

2년 전에 나왔던 『누구보다 맨유전문가가 되고싶다』와 이번 작의 가장 큰 차이점은 그 2년 사이에 제가 영국의 축구 현장에 와서 직접 보고 느끼고 취재한 바를 글과 사진을 통해 책에 담을 수 있다는 점이었습니다. 실제로 이 책에는 제가 에미레이츠 스타디움 곳곳에서 찍은 사진과 지난 두 시즌 동안 아스널 경기를 취재하면서 느꼈던 분위기들이 곳곳에 담겨 있습니다.

아스널의 130년 역사를 돌아보는 책을 쓰면서, 저는 아스널이라는 팀이 여러 차례 불운한 상황을 겪으면서도 이를 이겨 내며 지금까지 역사를 이어 온, 참으로 매력적이고 위대한 클럽이라는 생각을 하게 되었습니다. 엄연히 말해서 아스널은 잉글랜드 1부 리그 최다 우승팀이 아니며, 유럽 무대에서 가장 뛰어난 성적을 보여 온 클럽도 아닙니다. 그러나 아스널의 역사에는 채프먼부터 뱅거에 이르기까지 여러 대에 걸쳐 계승해 온, 그 누구도 부정할 수 없는 위대한 업적과 정체성이 살아 숨쉬고 있습니다.

만약 아스널이 다른 '빅4' 혹은 '빅6'로 꼽히는 클럽들 중 가장 먼저 맞이했던 1930년대의 전성기 도중에 채프먼 감독이 급사하지 않았다면, 혹은 그 이후로도 조지 앨리슨 감독이 잘 이어 오던 그들의 전성기가 2차 세계대전으로 중단되지 않았다면, 어쩌면 현재 잉글랜드 1부 리그 최다 우승팀이라는 타이틀은 맨유나 리버풀이 아닌 아스널의 것일 수도 있지 않을까 생각해 봅니다. 물론 이는 이 책을 읽어 가면서 독자 여러분도 얼마든지 하게 될 상상이라고 생각합니다.

2017년 현재의 축구팬들에게 아스널은 곧 아르센 벵거의 아스널로 통하고, 실제로도 벵거 감독이 채프먼 감독과 함께 아스널 역사에 있어 가장 중요한 인물로 인정받는 것은 사실입니다. 그러나 저는 이 책에서 아르센 벵거라는 인물에 대해서는 일부러 따로 특별히 다루지 않았습니다. 우선 아스널의 역사를 현대에 국한하지 않고 130년 전체로 볼 때 벵거 감독 못지않게 중요한 역할을 했던 이전의 인물들에 대해 더 조명하고 싶었기 때문이기도 했고, 벵거 감독과 그의 아스널에 대해서는 제가 번역한 브레인스토어의 『아르센 벵거: 아스널 인사이드 스토리』에서 그 어떤 책보다도 깊이 있게 소개했기 때문입니다.

저는 진심으로, 『누구보다 아스널전문가가 되고싶다』와 『아르센 벵거: 아스널 인사이드 스토리』 두 권의 책을 모두 읽으신 한국의 축구팬이라면, 그 어떤 영국의 아스널 팬들보다도 아스널에 대해 잘 안다고 자부해도 좋다고 감히 말씀드리고 싶습니다.

이 책을 읽어 나가시면서 독자 여러분은 왜 그토록 많은 팬들과 축구 전문가들이 아스널을 '세계 최고의 클럽'이라고 부르며 그들의 축구를 사랑하는지 분명히 이해할 수 있을 것입니다. 그리고 아스널의 축구

를 더욱 깊이 있고 풍성하게 즐기실 수 있으리라 자신합니다. 부디 이 책을 읽어 주시고 더 많은 분들과 나눠 주시길 부탁드립니다.

2017년 8월

이성모

역사상 가장 극적인 우승
그리고 계속되는 신화
'아스널은 꺾이지 않는다'

1988/1989시즌, 리그 2위에 머물고 있던 아스널은 리그 최종전에서 1위 리버풀을 상대로 원정을 떠났다. 양 팀의 승점 차이는 3점, 골득실 차이는 4점. 만약 아스널이 리버풀에 2-0 이상의 승리를 거두면 골득실 차에 의해 아스널이 리그 마지막 경기에서 역전 우승을 차지하게 되는 상황이었다.

그러나 1970~80년대 잉글랜드 최강팀이었던 리버풀은 호락호락하지 않았다. 양 팀은 골 없이 전반전을 0-0으로 마치고 후반전에 돌입했다. 그리고 후반 초반에 드디어 아스널의 앨런 스미스가 골을 터뜨리면서, 한 골만 더 넣으면 리그 1위 리버풀을 그들의 홈구장에서 꺾고 리그 우승을 거머쥘 수 있는 상황을 만들어 냈다.

어느덧 경기 종료를 1분여 남긴 후반전 인저리 타임 2분, 리 딕슨이 연결한 볼을 받은 앨런 스미스는 전방에 침투하던 마이클 토마스에게 로빙 패스를 이어 주었다. 혼전 끝에 상대 골키퍼와의 1대1 찬스를 맞은 토마스는 앨런 한슨의 태클이 들어오기 직전에 슈팅을 시도했고, 그렇게 토마스의 발을 떠난 공은 리버풀의 골문으로 들어갔다.

2-0 승리. 아스널의 승점은 76점, 골득실은 37. 시즌 중 리버풀보다 6골을 더 많이 넣은 아스널의 리그 역진 우승이 리그 종료를 1분 남기고 리버풀의 홈에서 완성되는 순간이었다. 그 순간은 지금까지 잉글랜드 리그 역사상 가장 극적인 우승의 순간으로 남아 있고 아마 앞으로도 그럴 것이다.

이것이 아스널이다. 아스널은 지난 130년간 두 명의 감독을 갑작스러운 죽음으로 잃었고, 2차 세계대전으로 인해 클럽의 최전성기가 가로

막혔으며, 새로운 경기장을 건설하는 과정에서 수많은 스타 선수들을 잃어 버렸지만 그때마다 무너지지 않고 극적으로 이겨 내며 오늘날까지 그 역사를 이어 왔다. 그런 그들의 역사를 알고 나면 그들이 지난 130년 간 그래 왔듯, 현재의 어려움도 이겨 낼 수 있으리라는 믿음을 갖게 된다.

아르센 벵거, 조지 그레엄, 물리 치료사 출신 감독 버티 미, 조지 앨리슨, 그리고 허버트 채프먼 감독과 티에리 앙리, 토니 아담스를 비롯한 수많은 레전드들을 만들어 낸 아스널의 역사는 1886년, 런던의 한 군수 공장에서 시작되었다.

차례

Chapter 1. 1886~1919년

다이얼 스퀘어가 아스널이 되기까지

Chapter 2. 1920~1939년

허버트 채프먼과 황금의 1930년대

Chapter 3. 1940~1965년

2차 세계대전 이후 찾아온 아스널의 침체기

Chapter 4. 1966~1983년

물리 치료사 감독과 1970년대의 영웅들

Chapter 5. 1983~1996년

조지 그레엄 시대와 컵 위너스 컵 우승

Chapter 6. 1996~2005년

아르센 벵거의 아스널과 무패 우승

Chapter 7. 2005~2013년

애쉬버튼 그로브 프로젝트와 무관 행진

Chapter 8. 2013~2017년

FA컵 2년 연속 우승과 아스널의 새로운 도전

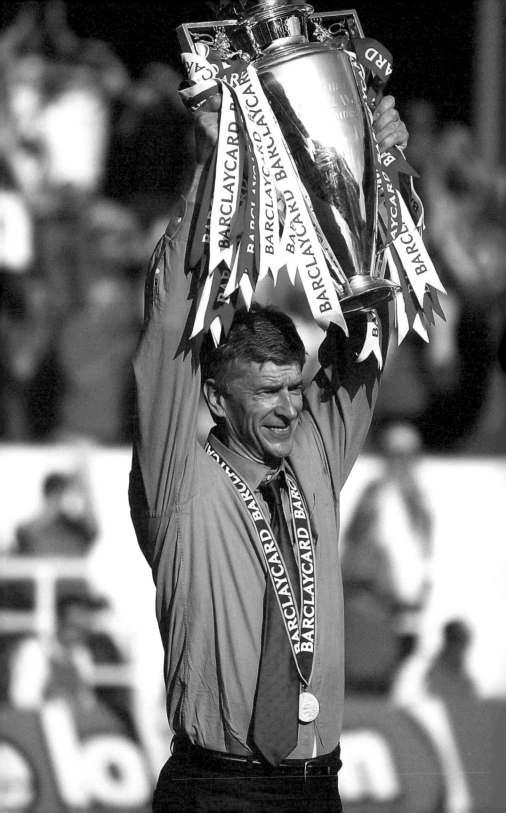

1886~1919년

다이얼 스퀘어가
아스널이 되기까지

—

1886년, 런던 울위치에서 군수공장 직원들이 창단한 축구팀 '다이얼 스퀘어'는 곧 팀명을 '로열 아스널'로 바꾸고 팀의 모습을 갖춘다. 1893년, 런던 최초의 프로 축구팀이 된 그들은 곧 풋볼리그에 합류해 잉글랜드 축구의 패권을 쥔 중북부 팀들과 경쟁을 펼친다. 1910년, 헨리 노리스 구단주에게 인수된 그들은 마침내 북런던의 하이버리 스타디움에 정착하며 1부 리그로 승격해 본격적인 비상을 준비하기 시작한다. 그 과정에서 오늘날까지 이어지고 있는 '북런던더비'가 탄생한다.

다이얼 스퀘어가
아스널이 되기까지
1886~1919년

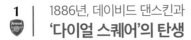

1 | 1886년, 데이비드 댄스킨과
'다이얼 스퀘어'의 탄생

1880년대 런던의 울위치 지역에는 대포와 총, 탄약 등을 제조하는 '울위치 아스널 군수공장(Woolwich Arsenal Armament Factory)'이 있었다. 한때 8만 명이 넘는 직원이 일할 정도로 규모가 커서 당시 영국 사람들은 그 공장을 일컬어 '울위치의 비밀 도시'라고 부르기도 했다. 공장에는 많은 작업장이 있었는데 그 중 한 작업장의 이름이 '다이얼 스퀘어(Dial Square)' 였다.

이미 한창 축구가 인기를 모으고 있던 잉글랜드 중북부 지역과는 달

에미레이츠 스타디움 한편에 위치하고 있는 '다이얼 스퀘어' 게이트.
아스널의 유래가 된 첫 팀에서 따 온 이름이다.

리 당시 런던에서 가장 인기가 많은 스포츠는 럭비와 크리켓이었다. 그러나 이 공장에서 일하고 있던 스코틀랜드 출신의 데이비드 댄스킨이라는 남자는 달랐다. 아마추어 축구선수 출신이자 열렬한 축구팬이었던 그는 공장에서의 단조로운 생활에 지루함을 느끼고 있던 동료들에게 축구팀을 만들자고 설득했다. 그의 친구였던 존 험블, 엘리야 왓킨스, 리차드 피어스 등이 팀의 설립을 돕고 나섰고, 동료들 사이에서 새 축구팀에 대한 입소문이 퍼지면서 총 15명의 직원들이 자원했다.

댄스킨은 자신의 돈에 그들이 낸 돈을 더해 축구팀을 만들고 팀의 첫 축구공을 구매했다. 그리고 자신들이 일하던 공장의 작업장 이름을 따 팀의 이름을 '다이얼 스퀘어'라고 지었다. 지금으로부터 약 130년 전

1887년 1월 8일 에리스전 로열 아스널 선발 명단

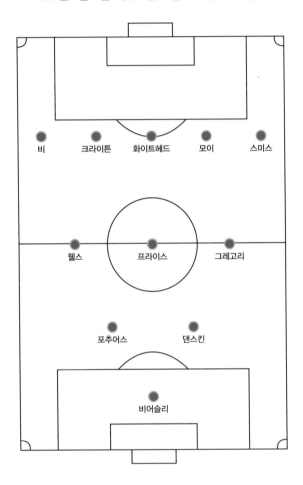

인 1886년 10월의 일이었다.

댄스킨과 함께 팀을 만드는 데 큰 역할을 한 인물 중에는 노팅엄 포레스트에서 선수로 활약했던 프레드 비어슬리와 조셉 베이츠 등도 있었다. 댄스킨은 곧 다이얼 스퀘어의 주장을 맡았고 비어슬리는 팀의 비서관이 되어 임시 감독의 역할을 했다.

다이얼 스퀘어가 가진 첫 경기는 1886년 12월 11일, 이스턴 원더러스와의 경기였다. 아직 팀이 제대로 정비가 되지 않은 상태에서 각자 가져온 유니폼을 입고 경기에 나선 선수들은 6-0 승리를 거뒀다.

그로부터 얼마 후 다이얼 스퀘어는 팀 이름을 로열 아스널로 바꾸고 1887년 1월 8일, 에리스와 팀의 두 번째 경기를 가졌다.

아스널을 창단한 남자, 데이비드 댄스킨

현대의 축구팬들에게 아스널을 창단한 남자로 널리 기억되고 있는 데이비드 댄스킨은 1863년 1월 스코틀랜드의 수도 에든버러 근교 번티슬란드에서 태어났다. 1885년까지 스코틀랜드에서 엔진 정비공으로 일하던 댄스킨은 22세의 나이에 런던으로 이주해 울위치 아스널 군수공장에서 일하기 시작했다.

그는 축구팀을 만들기 위한 노력을 기울인 지 오래지 않아 동료들과 함께 다이얼 스퀘어를 창단했고, 실제로 다이얼 스퀘어가 가진 첫 경기에서 주장으로 활약했다. 그 후로도 약 3년 동안 많은 경기에 선수로서 출전했다.

댄스킨이 아스널의 모체였던 다이얼 스퀘어를 창단한 과정까지는 많이 알려져 있지만, 이후 그의 행방에 대해선 거의 알려진 바가 없다. 현재까지 존재하는

데이비드 댄스킨   에미레이츠 스타디움 한편에 자리한 댄스킨의 모습

가장 신뢰할 수 있는 댄스킨에 관한 자료는, 댄스킨이 출생한 번티슬란드 지역 언론이 아스널의 클럽 공식 역사가인 프레드 올리에르에게 문의를 보내 그에 대한 답신을 받은 것인데, 그 답신의 내용은 다음과 같다.

1890년 이후 댄스킨의 이름은 아스널의 역사 자료에서 점점 자취를 감추었고, 그로부터 3년 후에 댄스킨과 아스널의 관계는 종료된 것으로 보입니다. 우리가 그에 대해 갖고 있는 확실한 자료는 1936년 아스널이 FA컵 우승을 차지했을 때, 댄스킨이 병상에서 그 경기를 라디오 중계로 들었다는 것입니다.

댄스킨에 관련하여 한 가지 더 참고할 만한 점은, 다른 클럽의 창립자들처럼 완벽하게 한 사람의 힘으로 팀을 창단한 것이 아니라 아스널을 창단한 여러 사람 중 그가 주도적 역할을 한 것으로 보는 경우도 있다는 것이다. 이는 첼시처럼 확실한 구단주, 혹은 그와 유사한 역할을 맡은 사람이 주도적으로 팀을 만든 경우와는 달리, 회사의 직원 중 한 사람이 동료들을 모아서 클럽을 만들었다는 아스널의 특수성에 기인하는 것으로 풀이된다.

2 | '로열 아스널' 그리고 노팅엄 포레스트에서 유래한 붉은 유니폼

첫 경기를 치르고 난 2주 후인 1886년 12월 25일 크리스마스, 댄스킨과 동료들은 당시 울위치 아스널 역 근처에 있던 로열 오크 펍(Royal Oak Pub)에 모여 팀 운영에 관해 회의를 가졌다. 그들은 이제 막 첫 경기를 가졌지만 유니폼도, 홈구장으로 삼을 만한 경기장도 없었다.

그들은 우선 팀의 이름을 새로 정하기로 했다. 그렇게 그 자리에서 정해진 새 이름은 회의가 열린 장소인 '로열 오크 펍'과 그들이 일하는 공장이었던 '울위치 아스널'의 한 글자씩을 딴 '로열 아스널'이었다.

다음으로 해결해야 할 문제는 유니폼이었다. 공장 직원들의 임금으로 축구팀을 운영하던 그들은 팀 전원이 함께 같은 유니폼을 맞춰 입을 형편이 되지 못했다. 그러던 중 노팅엄 포레스트에서 선수 생활을 했던 비어슬리가 자신의 친정팀에 도움을 요청하는 편지를 보냈다. 그의 편지를 받은 노팅엄 포레스트 측은 그로부터 얼마 지나지 않아 비어슬리와 팀 동료들이 쓸 수 있도록 진한 붉은 색 유니폼을 보내 주었다. 비어슬리와 댄스킨, 그리고 로열 아스널의 창단 멤버들은 곧 그 유니폼을 팀의 공식 유니폼으로 입기 시작했다.

아스널의 유니폼 이야기

상호 간에 전혀 관계가 없을 것 같던 일들이 의외의 인과 관계로 얽혀 있는 것을 발견하는 것이 축구의 역사를 살펴보는 가장 큰 묘미 중의 하나이다. 노팅엄 포레스트에서 보내 준 유니폼이 오늘날까지 아스널이 사용하고 있는(약간의 변경은 있었지만) 홈 유니폼 색상이 된 것도 그 한 예지만, 두 팀 사이의 이야기는 거기서 끝이 아니다.

2008년, 아스널 공식 홈페이지에는 다음과 같은 이야기가 소개되었다.

비어슬리의 요청으로 노팅엄 포레스트가 보내 준 데서 비롯된 아스널의 유니폼은 그 후로 탄생한 많은 팀들에 영향을 끼쳤다. 가장 대표적인 예가 스파르타 프라하다. 1906년 런던에 방문한 스파르타 프라하의 페르리치 회장은 당시 울위치 아스널이 사용하던 유니폼에 쏙 반해서, 체코에 돌아간 뒤 그들의 팀도 같은 색상의 유니폼을 사용하도록 지시했다. 오늘날에도 스파르타 프라하는 당시 울위치 아스널이 사용했던 진한 붉은색 색상의 유니폼을 입고 있다.

130년 전, 노팅엄 포레스트가 런던으로 보냈던 유니폼이 아스널을 거쳐 바다 건너 유럽 대륙의 체코까지 전해지면서 오늘날까지 이어져 오고 있는 것이다. 참고로 체코의 스파르타 프라하는 2006년부터 아스널에서 활약했던 토마시 로시츠키와 2015년 여름 아스널에 입단한 골키퍼 페트르 체흐가 커리어 초반에 활약한 바 있는 명문 클럽이다. 당시 그들의 유니폼은 진한 붉은색 상의에 하얀색 바지로 구성되어 있었다. 현대의 아스널 팬들이라면 아스널이 하이버리에서 보낸 마지막 시즌이었던 2005/2006시즌의 홈 유니폼을 떠올리면 될 것이다.

아스널이 현재의 붉은색과 하얀색 조합 유니폼 상의를 착용하기 시작한 것은 1925년 허버트 채프먼 감독이 부임한 후였다. 그가 아스널 유니폼을 바꾸게 된 경위에는 두 가지 설이 존재하는데, 그가 우연히 경기장에서 붉은색과 하얀색이 조합된 한 사람의 옷을 보고 바꿨다는 이야기와, 골프를 치던 도중 그와 비슷한 옷을 입은 사람을 보고 유니폼을 바꾸기로 결심했다는 이야기가 그것이다.

3 | 플럼스테드 커먼과
매너 그라운드

팀명을 새로 정하고 공식 유니폼까지 갖춘 로열 아스널에게 남은 과제는 팀의 홈구장을 마련하는 것이었다. 그러나 유니폼을 구하는 것보다 훨씬 더 큰 돈이 필요한 경기장 임대 문제는 쉽게 해결될 수 있는 것이 아니었다. 때문에 아스널은 창단 초기 많은 구장을 전전하며 경기를 치러야 했다.

공식 기록상 아스널의 첫 경기는 1886년 12월 11일, 런던 '아일 오브 독스(Isle of Dogs)' 지역의 한 들판에서 이스턴 원더러스를 상대로 치러졌다. 그 후로 아스널은 런던 남동부에 위치한 플럼스테드 지역의 플럼스테드 커먼(Plumstead Common)을 잠시 사용했다가, 다음 해에는 플럼스테드 매쉬 지역의 스포츠맨 그라운드(Sportsman Ground)로 홈구장을 옮겼다. 스포츠맨 그라운드에서 팀 창단 후 참가한 첫 대회인 런던 시니어 컵

(London Senior Cup)에서 그들은 2라운드 만에 반스에 패해 탈락했지만, 팀의 이름이 점점 주변에 알려지고 지원이 늘어나면서 다음 해에 다시 매너 그라운드(Manor Ground)로 홈구장을 옮겼다.

그렇게 시작된 1889/1890시즌에 로열 아스널은 최초로 FA컵에 참가했고, 당시 런던에서 치러지던 중소 규모의 대회였던 런던 채리티 컵, 켄트 시니어 컵, 켄트 주니어 컵 세 개 대회에서 우승을 차지했다. 1890년, 임대료 등의 문제로 잠시 홈구장을 다른 곳으로 옮겼던 로열 아스널은 1893년에 다시 매너 그라운드로 돌아와 이후 북런던으로 이주할 때까지 20년간 그곳을 홈구장으로 사용했다.

4 1891년, 잉글랜드 남부 지역 최초의
프로클럽이 된 '로열 아스널'

아스널이 잉글랜드 축구 역사에 남긴 대표적인 족적으로는 이후에 살펴볼 허버트 채프먼 감독이 불러왔던 축구계의 혁신, 그리고 현대 축구팬들이 직접 목격한 아르센 벵거 감독의 프리미어리그 개혁 및 무패 우승 등이 있지만, 또 다른 의미에서 그보다 더욱 중요한 의미를 갖는 것이 있다. 아스널이 아직 '로열 아스널'이라고 불렸던 1891년, 그들이 잉글랜드 남부 지역 최초의 프로 축구팀, 그리고 풋볼리그에 참가한 최초의 런던 구단이 된 것이다.

이 시리즈의 전작 『누구보다 맨유전문가가 되고싶다』에서 상세히 다룬 것처럼, 잉글랜드에서 프로 축구라는 개념이 정립된 것은 1885년

이며 세계 최초의 프로 리그인 풋볼리그가 창설된 것은 그로부터 3년 후인 1888년의 일이었다. 아스널의 입장에서 보면, 그들이 창단된 1886년을 전후로 잉글랜드뿐 아니라 세계 축구계에 큰 영향을 끼친 역사적 사건들이 발생했던 것이다.

1886년 다이얼 스퀘어로 시작해서 유니폼을 갖춘 후 여러 홈구장을 전전하며 런던 지역 컵대회에서 우승을 차지하던 시기의 로열 아스널은 아직 아마추어팀이었다. 선수들이 축구를 전업으로 삼아서 집중한 것이 아니라 생계를 위한 일과 축구를 병행했다는 뜻이다.

로열 아스널이 프로 축구팀으로 전향한 첫 번째 계기는 1891년 더비와의 FA컵 경기 후 발생했다. 이미 프로구단이었던 더비는 두 팀 간의 경기가 끝난 후에 로열 아스널의 가장 뛰어난 두 선수를 영입하고자 나섰다. 공장 근로자로 일하면서 남는 시간에 축구를 하고 지냈던 선수들에게, 축구만 하면서도 돈을 벌 수 있는 프로구단에서의 영입 제안은 거절하기 쉽지 않은 것이었다. 특히 뛰어난 기술과 실력을 지닌 선수들일수록 더욱 그랬다. 로열 아스널은 이미 프로 축구의 개념이 정립되어 있던 잉글랜드 중부 및 북부의 팀들에게 가장 뛰어난 선수들을 뺏길 위험에 처하게 되었다.

결국 그로부터 얼마 지나지 않아 로열 아스널은 프로구단으로 전향하기 위한 준비를 하고 나섰다. 윈저성 뮤직홀에서 열린 아스널 지도자들의 회의에서 그들은 프로팀 전향을 만장일치로 결정했다. 그러나 아직 프로구단이 전혀 존재하지 않았던 잉글랜드 남부 지역 팀들은 이런 로열 아스널의 움직임에 반감을 표명했고, 런던 축구 협회는 곧 로열 아스널이 런던 지역의 어떤 대회에도 참가할 수 없도록 금지령을 내렸다. FA컵과 친선전에만 참가할 수 있게 된 로열 아스널은 당시 버밍엄 이북 지역 팀들만이 참가하고 있던 풋볼리그와 별개로 남부 지역의 팀들을 모아 새 리그를 만들고자 시도했지만 그마저 실패로 돌아갔다.

지역 컵대회에 참가하지 못하면서 수입원이 한정되어 곤란한 입장에 처한 로열 아스널에게 행운이 찾아온 것은 그로부터 2년 뒤인 1893년의 일이었다. 1888년 단일 리그(1부 리그만 존재)로 출발하여 1892/1893시즌부터 다른 리그인 풋볼얼라이언스와 흡수 합병하면서 1, 2부 리그로 덩치를 키운 풋볼리그가 남부 지역의 유일한 프로팀이었던 아스널을 자신들의 2부 리그에 합류시킨 것이었다.

풋볼리그 참가에 앞서 아스널은 유한회사를 설립한 후 다시 한 번 팀 이름을 '로열 아스널'에서 '울위치 아스널'로 변경했고 이전에 임대했던 구장인 매너 그라운드를 사들였다.

그렇게 아스널은 잉글랜드 남부 최초의 프로팀이자 최초로 풋볼리그에 참가한 팀이 되었다. 잉글랜드 축구가 중부와 북부를 중심으로 시작되어 유행한 것은 1부 리그 우승 횟수에도 필연적인 영향을 미쳤다. 최다 우승팀 맨유와 그 뒤를 잇는 리버풀을 비롯해서, 우승 기록 기준으로 상위에 랭크되어 있는 에버튼, 아스톤 빌라 등 대다수의 팀들이 잉글랜드 중부와 북부의 팀들인 것이다. 비슷한 맥락에서 아스널은 현재까지도 잉글랜드 남부 지역 최다 우승팀으로 남아 있다.

5 | 1893/1894시즌
울위치 아스널의 첫 경기와 첫 시즌

울위치 아스널이라는 이름으로 잉글랜드 남부 지역에서는 최초로 풋볼리그에 참가한 아스널은 1893년 9월 2일, 역사적인 첫 리그 경기를 가졌다. 상대 팀은 아스널과 같은 시즌 풋볼리그에 합류했고, 아스널의 초기 역사 속 결정적인 순간마다 만나게 되는 뉴캐슬 유나이티드였다. 이 시즌, 풋볼리그 2부 리그에 처음 참가했던 세 팀 중 아스널, 뉴캐슬 외에 또 다른 한 팀은 그 시즌 2부 리그 우승을 차지하고 맨유의 전신 뉴튼 히스와의 테스트 매치(현재의 승격 플레이오프와 유사하지만 조금 다른 방식. 자세한 사항은 전작 『누구보다 맨유전문가가 되고싶다』를 참고)에서 승리하며 1부 리그로 승격하게 되는 리버풀이었다.

매너 그라운드에서 펼쳐진 아스널과 뉴캐슬의 대결에서 두 팀은 승부를 가리지 못하고 2-2로 경기를 마무리했다. 아스널의 두 득점자는 쇼와 엘리엇이었다. 아스널의 초기 역사를 다룬 책『울위치 아스널, 축구를 바꾼 클럽(Woolwich Arsenal, The Club That Changed Football)』의 저자 앤디 캘리는 이 경기를 다음과 같이 소개하고 있다.

1893년 9월 2일, 런던에서 최초로 열리는 리그 경기를 보기 위해 런던 전역에서 약 1만 여 명의 팬들이 몰려 왔다. 경기는 오후 3시 30분에 시작됐고, 울위치 아스널의 역사적인 첫 리그 경기의 주장은 조 포웰이 맡았다. (중략)

아스널 역사상 첫 리그 골은 전반 6분 만에 나왔다. 왼쪽 윙 포지션

울위치 아스널과 뉴캐슬의 맞대결을 묘사한 신문 삽화.

에서 찰리 부스가 날린 크로스를 월터 쇼가 이어 받으며 멋진 골을 성공시킨 것이다. 이 첫 골이 터지는 순간 관중들은 열광적인 함성으로 응답했다.

다음 리그 경기에서 아스널은 노츠 카운티에 2-3으로 패하며 첫 패배를 기록했고, 이어진 경기에서는 팀 역사상 최초의 해트트릭을 기록한 조셉 히스의 활약 속에 월설 타운 스위프트에 4-0 승리를 거뒀다.

이 시즌 아스널의 가장 인상적인 경기는 1893년 10월 14일에 열린 애쉬포드 유나이티드와의 FA컵 경기였다. 이 경기에서 아스널은 12-0 승리를 거뒀는데, 이는 현재까지도 아스널이 FA컵에서 기록한 가장 큰 점수 차 승리로 남아 있다.

첫 시즌, 아스널은 28경기에서 승점 28점을 기록하며 2부 리그 15개 팀 중 9위를 기록했다.

1893/1894시즌 풋볼리그 2부 리그 순위표

순위	팀명	경기	승	무	패	승점
1	리버풀	28	22	6	0	50
2	스몰 히스	28	21	0	7	42
3	노츠 카운티	28	18	3	7	39
4	뉴캐슬 유나이티드	28	15	6	7	36
5	그림스비 타운	28	15	2	11	32
6	버튼 스위프트	28	14	3	11	31
7	포트 베일	28	13	4	11	30
8	링컨 시티	28	11	6	11	28
9	울위치 아스널	28	12	4	12	28
10	월설 타운 스위프트	28	10	3	15	23
11	미들스브로 아이어너폴리스	28	8	4	16	20
12	크루 알렉산드라	28	6	7	15	19
13	맨체스터 시티	28	8	2	18	18
14	로더럼 타운	28	6	3	19	15
15	노리치 빅토리아	28	3	3	22	9

6 | 1894~1903년

브래드쇼 감독의 부임과 1부 리그 승격

아스널 역사상 최초로 성공한 감독으로 평가받는 해리 브래드쇼는

아스널을 탈바꿈한 감독이었다. —아스널 공식 홈페이지

프로 리그 데뷔 시즌을 9위로 마친 울위치 아스널은 1894년 샘 홀리
스 감독을 임명하며 새 시즌을 시작했다. 아스널은 공식 홈페이지에서
"홀리스 감독은 처음으로 1군 팀을 맡아서 관리한 인물이었다"고 소개하

고 있는데, 그의 임명 이전에 아스널은 구단 이사진과 선수들로 구성된 위원회에 의해 운영되었다.

홀리스 감독이 3년간 울위치 아스널을 이끌고 떠난 후, 토마스 미첼 감독(33경기), 윌리엄 엘콧 감독(25경기) 등이 팀을 이끌었지만 별다른 족적을 남기지는 못했다. 풋볼리그에 합류한 이후 6시즌 동안 2부 리그 중위권에 머무른 것은 분명히 실망스러운 성적이었다. 울위치 아스널이 진정 남부의 챔피언으로 거듭나기 위해서는 달라질 필요가 있었다.

울위치 아스널에게 첫 터닝 포인트는 1899년, 직전 시즌 번리를 1부 리그 3위로 이끌었던 브래드쇼 감독이 부임하면서 찾아왔다. 1891년부터 1899년까지 번리를 이끌면서 뛰어난 전술가로 평가받던 브래드쇼 감독은 아스널 부임 직후, 아스널 출신으로 처음 잉글랜드 국가대표 선수가 된 골키퍼 지미 애쉬크로프트, 팀의 새 주장이 된 지미 잭슨을 비롯해 장차 팀에 중요한 역할을 할 선수들을 영입하며 자신만의 틀을 다져 나갔다.

브래드쇼 감독이 아스널에서 구축한 플레이스타일에는 묘한 점이 있다. 영국에서 발간된 아스널 초기 역사를 담은 서적 『포워드 아스널(Forward Arsenal)』에서는 그가 추구한 플레이스타일을 다음과 같이 묘사하고 있다.

> 브래드쇼 감독은 짧고 정확한 패스와 함께 선수들의 움직임을 중시하는 '패스 & 무브' 플레이를 아스널에 정착시켰다.

이는 현대의 아스널 팬들이라면 누구나 익히 알고 있듯, 그로부터 약 100년 후에 아스널 감독으로 부임하는 아르센 벵거가 기본으로 삼는 축구 전술과 유사하다.

브래드쇼 감독은 팀의 재정적인 발전에도 큰 기여를 했다. 그는 1902년 11월에 팀이 홈구장으로 사용하고 있던 매너 그라운드에서 양궁 대회를 개최하도록 주선해서 1,200파운드의 수입을 거둬들였는데 이는 당시 아스널 1년 수입의 약 5분의 1에 해당하는 금액이었다. 그는 그렇게 벌어들인 돈을 고스란히 아스널의 전력을 향상시켜 줄 선수를 영입하는 데 사용했다.

그렇게 아스널에 입단한 선수들 중 가장 뛰어난 성적을 기록한 것은 단연 골키퍼 지미 애쉬크로프트였다. 그는 1901/1902시즌 전 경기에 출전하며 34경기에서 17경기 클린시트에 26골만을 실점하며 아스널 창단 후 최고의 리그 성적을 내는 데 기여했다.

브래드쇼 감독의 지휘와 애쉬크로프트의 맹활약 속에 울위치 아스널은 1902/1903시즌에 처음으로 리그 3위를 기록했고, 다음 시즌인 1903/1904 시즌에는 리그 2위를 차지하며 팀 역사상 최초의 1부 리그 승격을 달성했다. 이 시즌 울위치 아스널의 선수단 대부분은 브래드쇼 감독이 영입한 선수들이었다.

7 | 1904~1910년, 두 차례의 FA컵 준결승 진출과
첼시와의 첫 더비 경기

아스널을 처음 1부 리그로 승격시킨 주인공임에도 불구하고 브래드쇼 감독의 이름이 현대의 아스널 팬들에게 낯선 이유는, 아스널이 1부

1905/1906시즌 FA컵 준결승전에서 뉴캐슬과 대결을 펼치고 있는 울위치 아스널

리그에서 첫 경기를 치르기도 전에 그가 풀럼 감독직을 맡기 위해 팀을 떠났기 때문이다. 그는 당시 사우던리그에 참가 중이던 풀럼에 2회의 리그 우승을 안겨 주었다.

　브래드쇼 감독은 떠났지만 그가 남기고 간 선수단은 1905/1906시즌과 1906/1907시즌, 2년 연속으로 FA컵 준결승에 진출했다. 특히 1905/1906시즌 FA컵 준결승에 이르는 과정에서 아스널은 당시 리그 4회 우승을 차지한 강자였던 선덜랜드를 홈구장 매너 그라운드로 불러들여 3만 명의 팬들이 모인 가운데 5-0으로 대파하며 확연히 달라진 모습을 보여 주었다. 그러나 그해 아스널은 뉴캐슬에 0-2로 패하며 결승 진출에 실패했고, 다음 시즌 역시 준결승까지 진출했으나 셰필드 웬즈데이에 1-3 패배를 당했다.

문제는 그 후였다. 그들을 한 팀으로 불러 모았던 브레드쇼라는 선장을 잃은 울위치 아스널은 이후로 1부 리그에서 별다른 두각을 나타내지 못하고 흔들리기 시작했다. 1907/1908시즌, 그들은 승점 3점 차이로 간신히 강등을 모면했다. 1908/1909시즌에는 당시까지 1부 리그 최고 성적이었던 6위를 기록했지만, 바로 다음 시즌에는 또 다시 14위까지 처지며 승점 2점 차이로 강등을 피했다.

그 무렵, 런던 서부의 풀럼 지역에서 1905년에 창단한 첼시는 갑부 구단주 미어스의 든든한 지원 속에(첼시는 로만 아브라모비치 구단주가 인수하기 100여 년 전부터 이미 갑부 구단주에 의해 창단된 부유한 팀이었다. 자세한 내용은 『누구보다 첼시전문가가 되고 싶다』참조) 스타 선수들을 영입하며 연일 많은 관중을 불러 모으고 있었다.

1907년 11월 9일, 첼시 홈구장 스탬포드 브릿지에서 열린 양 팀의 첫 '런던 더비'는 무려 6만 5천 여 명의 팬들이 모인 가운데 펼쳐졌다. 울위치 아스널은 그 경기에서 1-2 패배의 아픔뿐 아니라 또 하나의 심각한 문제를 확인하게 됐다. 당시 그들의 홈경기 평균 관중이 1만 명을 조금 넘는 수준이었던 데 비해, 매 홈경기마다 첼시는 그보다 몇 배가 많은 관중을 불러 모으고 있었던 것이다. 이는 팀의 운영 자금을 현재보다 훨씬 더 경기장 입장 수입에 의존했던 당시 환경을 생각하면 매우 심각한 문제였다.

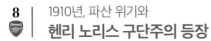
> 헨리 노리스가 아스널에 미친 영향은 허버트 채프먼, 아르센 벵거와
> 동등한 수준이라고 할 수 있을 것이다. —아스널 공식 홈페이지

한 팀이 심각한 재정난이나 파산 위기를 맞았을 때, 이를 해결하며 등장한 새 구단주에 의해 팀의 운명이 바뀌는 것은 축구계에서 흔히 찾아볼 수 있는 패턴이다. 이 시리즈의 전작에서 다뤘던 맨유의 경우에는 파산 직전의 뉴튼 히스를 인수한 후 팀에 첫 성공과 홈구장 올드 트래포드를 안겨 준 존 헨리 데이비스 구단주가, 첼시의 경우에는 현대의 축구 팬들이 직접 목격했듯이 심각한 재정난의 위기를 겪고 있던 첼시를 인수한 로만 아브라모비치 구단주가 그랬다.

아스널의 역사에도 그런 인물이 있었다. 1900년대 파산 위기에 처한 팀을 구했고, 팀의 홈구장을 북런던으로 옮긴 뒤 하이버리 스타디움을 건축했으며, 1차 세계대전 직후 논란 속에 아스널을 1부 리그로 승격시켰고, 무엇보다 결정적으로 아스널의 황금기를 불러온 허버트 채프먼 감독을 임명한 헨리 노리스 구단주가 그 주인공이다.

인구가 많지 않고 접근성도 떨어지는 런던 동남부 플럼스테드 지역에 자리 잡은 탓에 타 구단에 비해 입장료 수입이 현저하게 적었던 울위치 아스널은 결국 1900년대 후반 들어 심각한 재정난을 겪게 되었다. 울며 겨자 먹기로 애쉬크로프트 등 스타 선수들을 팔며 버티던 그들은 결국 재정난을 극복하지 못하고 1910년에는 임의 파산을 선고받기에 이르

렀다.

그렇게 팀이 공식적으로 파산할 위기에 처해 있던 무렵에 울위치 아스널을 인수하겠다고 나선 인물이 있었다. 당시 이미 풀럼의 회장을 맡고 있던 헨리 노리스라는 남자였다. 당시 런던의 정치계, 경제계 양면에 널리 알려진 '큰손'이었던 노리스는 울위치 아스널을 인수한 즉시 야심찬 프로젝트를 시도했다. 바로 본인이 회장직을 맡고 있던 풀럼과 이제막 인수한 아스널을 합병하겠다는 것이었다.

9 | 1913년
풀럼과의 합병 시도와 북런던 이전

당시 잉글랜드 축구는 중북부 팀들이 패권을 잡고 있었다. 노리스 구단주는 남부 최초의 프로팀이라는 정통성을 갖고 있는 아스널과,

1879년에 창단해서 당시 사우던리그의 강자로 군림하던 풀럼을 합병한다면 단숨에 런던 최고의 팀이 탄생할 수 있다고 굳게 믿었다.

그러나 그의 대범한 시도는 풋볼리그 측의 반대로 무산되고 말았다. 그는 풀럼과 아스널의 합병이 성사될 경우 지리적 문제가 있는 아스널의 홈구장을 버리고, 풀럼이 이미 홈구장으로 사용하고 있던 크레이븐 코티지를 홈구장으로 이용할 계획을 갖고 있었다. 그런 그에게 두 팀의 합병 무산은 곧 또 다른 중요한 사건의 동기 부여로 작용하게 되었다.

그는 이미 오래도록 골칫거리가 되어 온 팀의 연고지인 울위치를 떠나 새로운 지역으로 팀을 옮기기로 결심했다. 그런데 한 가지 주목할 점은 노리스 구단주가 처음부터 북런던의 하이버리 지역으로 이전하길 원한 게 아니었다는 것이다. 만약 노리스 구단주의 첫 계획대로 아스널이 이전할 수 있었다면 아스널의 지역 더비 라이벌은 토트넘이 아니라 첼시, 풀럼이 될 수도 있었다. 그에 대해 아스널 공식 홈페이지에 소개된 내용은 다음과 같다.

> 노리스는 처음 배터씨(런던 템즈강을 끼고 풀럼의 바로 맞은편에 위치한 지역), 그리고 헤링게이(하이버리보다 조금 더 북쪽 지역) 등에 부지를 알아봤으나 조건에 맞는 부지를 구할 수 없었다. 하이버리 지역은 토트넘의 홈구장과 가까웠기에 피하고 싶어했으나, 근처에 지하철역이 있었기 때문에 많은 관중을 불러 모으는 데 도움을 줄 수 있었다.

그런 고민을 거쳐 최종 결정된 지역이 하이버리였다. 그의 연고 이

전 결정에 대해 다이얼 스퀘어의 탄생을 지켜본 울위치 지역 주민들, 그리고 팀의 이전 지역으로 발표된 하이버리의 주민들은 모두 아스널의 이전을 반대했지만, 노리스 구단주의 결심은 흔들리지 않았다.

그는 곧 그곳에 새 구장을 건설하기로 결심했고 이미 풀럼의 크레이븐 코티지, 첼시의 스탬포드 브릿지 등을 건축한 유명 건축가 아치볼드 레이치에게 의뢰해 하이버리에 새로운 구장을 건설했다. 그렇게 탄생한 것이 바로 하이버리 스타디움이다.

10 | 1913년, 하이버리에서의 첫 시즌과 **아쉬운 승격 좌절**

울위치 아스널이 전 구장인 매너 그라운드에서 마지막으로 치른 경기는 1913년 4월 26일에 열린 미들스브로전이었다. 그 경기에서 울위치 아스널은 1-1 무승부를 거뒀다. 그리고 하이버리 구장에서 열린 첫 경기는 그로부터 5개월 후인 9월 6일, 레스터 포스(현 레스터 시티의 전신)와의 경기였다. 양 팀의 경기는 약 2만 명의 관중이 찾아온 가운데 울위치 아스널의 2-1 승리로 끝났다.

하이버리에서 맞이한 첫 시즌, 울위치 아스널은 38경기에서 20승을 거두며 시즌 마지막 경기까지 1부 리그 승격을 위한 경쟁을 이어 갔고 끝내 브래드포드와 같은 승점인 49점으로 시즌을 마무리했다. 그러나 울위치 아스널은 당시 승점이 같은 팀들의 우열을 가릴 때 사용했던 **골 평균 수치**(득점 수를 실점 수로 나눈 것으로, 현재 축구계에서는 사용하지 않는 개념)에서 브

하이버리 스타디움

래드포드(1,511)에 뒤지며 간발의 차이(1,421)로 승격을 하지 못한 채 시즌을
마무리했다.

한편, 연고지 '울위치'의 이름을 따서 '울위치 아스널'이라는 이름을
사용했던 그들은 더 이상 '울위치'를 팀 이름에 유지할 이유가 없어졌다.
사료에 의하면 1914년 아스널은 '울위치' 대신에 '더(The) 아스널'로 개명
했다가, 1차 세계대전이 종료된 후인 1919년에 '더'를 빼고 현재와 같은
'아스널'이라는 이름을 사용하기 시작했다.

11 1915~1919년, 1차 세계대전과 논란의 1부 승격
그리고 북런던 더비의 탄생

1913/1914시즌을 3위로 마무리하며 승격에 실패했던 아스널은 다

음 시즌인 1914/1915시즌 역시 5위로 마감하며 다시 한 번 좌절하는 것처럼 보였다. 그러나 1915년에 발발한 1차 세계대전과 그로 인한 정규리그 중단, 그리고 1919년에 리그가 재개되기 전에 노리스 구단주가 주도했던 일종의 '로비' 사건으로 인해 아스널은 현재까지도 논란이 되고 있는 1부 리그 승격을 이루게 되었다. 그리고 아스널이 이례적인 방법으로 승격하는 대신 1부 리그에서 2부 리그로 강등당한 것이 바로 토트넘이었다.

20세기 초, 1차 세계대전 이전까지 아스널과 토트넘 양 팀에게는 각각 최초의 남부 지역 프로팀, 최초의 런던 지역 FA컵 우승팀이라는 자부심이 있었다. 그 전까지 같은 런던을 연고로 하는 클럽이라는 점 이외에는 큰 접점이 없던 두 팀의 관계는 아스널이 북런던으로 이주하면서 긴장이 형성되었다. 그러나 아스널과 토트넘이 현재처럼 '앙숙'의 관계가 된 것은 단순히 그들이 지리적으로 가깝다거나 한 팀이 인근으로 이주해 왔다는 것 때문만은 결코 아니다. 두 팀의 감정 싸움에 더 큰 불을 지핀 것이 바로 1919년에 일어난 일이었다.

1919년, 전쟁이 끝난 후 정규 리그가 재개될 때 잉글랜드 풋볼리그 측은 리그 참가 팀을 20개에서 22개로 늘리겠다고 발표했다. 이 과정에서 전쟁으로 리그가 중단되지 않았다면 강등되었어야 하지만 강등을 면하게 된 두 팀이 다름 아닌 첼시(19위)와 토트넘(20위)였다. 정상적인 관행대로라면 두 팀이 그대로 1부 리그에 남고 2부 리그 1, 2위 팀이 승격하여 자연스럽게 22개 팀이 구성되기 때문이다.

그런데 전쟁 직전 시즌을 2부 리그 '5위'로 마쳤던 아스널이 승격하고 그 대신 토트넘이 강등을 당하는 초유의 사태가 발생했다. 이 사건에 대해 아스널과 토트넘 측 자료에서는 다음과 같이 밝히고 있다.

1차 세계대전 직전인 1914/1915시즌, 2부 리그에서 5위를 기록한 아스널은 2부 리그에 그대로 남을 예정이었다. 그러나 뜻밖에도 아스널은 전쟁 직후 다시 시작된 리그에서 1부 리그에 참가하게 되었다. 아스널이 승격하는 대신 강등된 팀이 바로 토트넘이었다. 전해지는 바에 의하면, 노리스 구단주는 당시 리그 회장이자 리버풀의 구단주였던 존 맥케나를 (맨유-리버풀의 승부 조작 건을 빌미로)압박하여 그가 승격팀 선정을 위한 투표에 앞서 아스널에 우호적인 발언을 하도록 영향력을 행사했다. —아스널 공식 홈페이지

-

아스널의 노리스 구단주는 아스널의 승격을 이끌기 위해 활발하게 로비를 하고 다녔다. 그는 아스널이 토트넘보다 풋볼리그에 먼저 참가했기 때문에 토트넘 대신 아스널이 1부 리그에 참가해야 한다고 주장했다. 리버풀의 구단주이자 리그 회장인 존 맥케나는 투표에 앞서 아스널에 유리한 발언을 했고 결국 투표 결과, 아스널의 승격과 토트넘의 강등이 확정됐다. 토트넘 관계자들은 모두 충격을 받았지만 그 결정을 받아들일 수밖에 없었다. —토트넘 역사를 다룬 서적 『The Spurs Miscellany』

이 모든 일의 연출자였던 노리스 구단주는 1934년에 세상을 떠날

때까지 이 일에 대해 한 번도 공식적으로 언급한 적이 없었다. 따라서 이 일에 대해서도 여러 가지 조금씩 다른 시각이 존재한다. 어쨌든 이러한 상황으로 인해서 아스널의 전체 역사가 아주 크게 달라진 것만은 분명한 사실이다. 아스널은 1919년 1부 리그 승격 후 현재까지 단 한 차례도 2부 리그로 강등되지 않은 유일한 클럽이라는 명예와, 1919년 이후 리그 순위와 관계없이 승격한 유일한 클럽이라는 불명예를 동시에 안게 되었다.

1920~1939년
허버트 채프먼과
황금의 1930년대

—

1925년, 이미 잉글랜드 최고의 감독으로 인정받고 있던 허버트 채프먼 감독의 아스널 부임은 아스널의 운명을 완전히 바꿔 놓게 된다. WM 포메이션을 통해 세계 축구의 관심을 한눈에 받은 아스널은 결국 1930년을 기점으로 리그와 FA컵에서 모두 우승컵을 들어 올리며 황금의 1930년대를 맞이한다. 그 시기의 아스널은 채프먼 감독이 갑작스럽게 사망하고 팀의 전성기 중 2차 세계대전이 발발하는 등 여러 불운이 겹쳤지만, 분명히 잉글랜드와 유럽 축구의 정상에 서 있었다.

허버트 채프먼과
황금의 1930년대
1920~1939년

12 | 1919~1925년, 나이튼 감독의 부임과
1부 리그 하위권을 전전한 아스널

레슬리 나이튼 감독은 거의 틀림없이 아스널 역사상 가장 불운한 감독이었을 것이다. ─아스널 공식 홈페이지

노리스 구단주는 논란 속에서도 아스널을 1부 리그로 올려 놓겠다는 강한 의지를 실행에 옮겼다. 하지만 1부 리그로 승격한 아스널은 그후 6년간 리그 하위권을 전전하며 좀처럼 두각을 드러내지 못했다. 대개 이런 결과의 책임은 감독에게 돌아가기 마련이지만, 이 시기 아스널을

이끌었던 레슬리 나이튼 감독의 경우는 조금 달랐다.

1919년, 아스널 감독으로 임명된 나이튼은 전까지 맨시티와 허더스 필드에서 코치직을 역임했으며 허더스필드에서는 잠시 감독 대행을 맡기도 했다. 특히 그는 맨시티 시절 젊은 재능을 발견하고 육성하는 능력을 보여 주면서 높은 평가를 받고 있었다.

아스널이 그런 그를 두고 공식 홈페이지에서 '구단 역사상 가장 불운한 감독이었다'고 평가하는 이유는 그가 아스널 재임 6년 동안 자신의 뜻을 제대로 펼쳐 보지도 못한 채 감독 생활을 마무리했기 때문이다. 당시 아스널에서는 그들에게 하이버리 스타디움을 안겨 주고 그들을 1부 리그로 올려 놓은 노리스 구단주의 영향력이 너무 강했다. 일각에서는 이 시기의 아스널에 대해 '나이튼은 표면상의 감독이었을 뿐, 중요한 결정은 모두 노리스 구단주가 내렸다'고 평가하기도 한다.

대표적인 예로, 노리스는 나이튼 감독이 부임한 직후부터 최소한의 이적료만을 사용하게 했고, 그 후에는 특정 신장과 체중 이하인 선수들은 영입할 수 없도록 못 박기까지 했다. 유망주 발굴에 재능이 있다고 인정받던 감독이 그 장기를 발휘할 수 없는 환경에 놓인 것이다. 그뿐만이 아니었다. 나이튼은 아스널 감독직에서 물러난 후 1948년에 쓴 자신의 자서전에서 다음과 같이 말했다.

노리스 구단주는 클럽 이사진과의 미팅 자리에서 끝없이 나에게 폭언을 일삼았다. 한번은 다음과 같이 소리를 지른 적도 있다. "이봐, 우리는 자네에게 팀 운영에 대해 충고를 하라고 큰 급여를 지불하고 있는데 자네가 하는 일이라고는 멍청이처럼 가만히 앉아 있는 것뿐이군. 말 할 줄 모르나?"

그 외에도 나이튼의 자서전에서는 그와 노리스 구단주 사이에 있었던 많은 마찰이 폭로되었다. 이후 일부 아스널 팬들은 그의 자서전이 '돈을 벌기 위해 자극적으로 쓰여진 것'이라며 그 진위 여부에 의문을 제기하기도 했으나, 아스널은 구단 공식 홈페이지에서 '나이튼 감독은 축구에 관해서 아주 양심적이고 정직한 사람이었으며 그의 자서전 내용은 사실일 가능성이 높다'고 평가한 바 있다.

여러 면에서, 팀의 성적이 좋을 수가 없었다. 나이튼 감독 재임 기간 중 아스널은 리그 하위권을 전전했고 그 중 두 차례는 가까스로 강등을 모면했다.

나이튼 감독 재임 기간 아스널 리그 순위표

1919/1920시즌: 10위

1920/1921시즌: 9위

1921/1922시즌: 7위

1922/1923시즌: 11위

1923/1924시즌: 19위

1924/1925시즌: 20위

나이튼 감독과 노리스 구단주 사이의 이런 아슬아슬한 줄타기는

1924/1925시즌을 끝으로 마무리됐다. 마침 그 시즌, 나이튼 감독은 웨스트햄과의 FA컵 경기를 앞두고 선수들에게 구단 팬이 전해 준 약물을 먹도록 권장했는데, 이는 축구계의 가장 오래된 도핑 케이스 중 하나로 남아 있다. 나이튼 감독은 훗날 자신이 선수들에게 도핑을 권장했음을 스스로 인정했다. 당시 상황에 대해 가디언은 다음과 같이 보도했다.

> 1925년, 당시 아스널보다 좋은 성적을 기록하고 있었고 피지컬적으로도 더 강했던 웨스트햄을 FA컵에서 만나게 된 나이튼 감독은 자신의 사무실에 홀로 앉아서 어떻게 하면 웨스트햄을 꺾을 수 있을지 고민했다. 그러던 그는 의사를 만나 조언을 들은 후 경기 전 선수들에게 약을 제공하기로 했다. 선수들이 그 약을 먹고 가진 경기에서 아스널은 웨스트햄과 0-0 무승부를 기록했고, 이후에 펼쳐진 재경기에서 패하며 탈락했다. 선수들은 재경기를 앞두고 약 복용을 거부했었다.

그러나 실망스러운 결과를 남기고 마무리된 6년 동안 그가 팀에 부정적인 영향만을 남긴 것은 아니었다. 그는 팀 운영의 거의 모든 사항에 관여하는 노리스 구단주의 간섭에도 불구하고 그의 후임인 채프먼 감독의 성공에 큰 역할을 하게 되는 밥 존, 지미 브레인 등의 선수를 데려왔다. 채프먼은 이후 그 두 선수를 데려온 나이튼 감독에게 공식적으로 감사를 표하기도 했다.

'명장' 허버트 채프먼의 아스널 감독 부임

허버트 채프먼 감독은 아마도 아스널의 역사에서 가장 중요한 인물일 것이다. ─피터 힐 우드 전 아스널 회장

1924/1925시즌이 끝난 후 아스널은 공식적으로 새 감독을 모집하고 나섰다. 다음은 1925년 5월 11일자 애슬레틱뉴스에 게재된 광고문의 일부다.

아스널 FC에서 새 감독직 신청을 접수할 예정입니다. 새 감독이 되고자 하는 지원자는 반드시 감독으로서의 역량에서도 개인적인 성품에서도 아주 훌륭한 수준을 갖추고 있어야 합니다. 비싼 이적료로 새 팀을 만드는 데만 능력이 있는 감독은 지원하지 않아도 좋습니다.

1부 리그 하위권을 진전하고 있던 아스널의 새 감독이 된 주인공은 당시 잉글랜드 축구계의 그 누구도 예상하지 못했던 의외의 인물이었다. 1920년대 허더스필드를 이끌고 두 번의 리그 우승과 한 번의 FA컵 우승을 차지하면서 당대 최고의 감독으로 인정받고 있던 허버트 채프먼 감독이 아스널을 이끌게 된 것이었다(2017년, 허더스필드가 1부 리그 승격을 확정 짓자 아스널에서 축하 메시지를 보낸 것은 채프먼 감독이 허더스필드 출신이었기 때문이다). 채프먼 감독은 런던에서의 생활, 노리스 구단주가 보장한 두 배 이상의 급여 등의 조건을 받아들이며 아스널로 팀을 옮길 결심을 굳혔다.

그리고 창단 후 약 40년간 단 한 차례도 리그나 FA컵에서 우승을 차지하지 못하며 '남부 최초의 프로팀'이라는 타이틀에 걸맞지 않은 행보를 이어 오던 아스널은 채프먼 감독과 함께 잉글랜드를 넘어 세계 축구의 중심에 우뚝 서게 된다.

14 | 아스널 부임 이전의
허버트 채프먼

100년이 훌쩍 넘는 유럽 주요 팀들의 역사를 돌아보면 참으로 기구한 인연들이 있다. 잉글랜드로 그 범위를 좁혀 보면, 맨유를 명문으로 만든 맷 버즈비 감독은 선수 시절 맨유와 가장 격렬한 라이벌 관계에 있던 맨시티와 리버풀에서 활약했다. 그리고 그보다 약 20년 먼저 아스널 감독으로 부임해서 아스널을 당대 잉글랜드 최강의 팀으로 만들었던 채프먼이 감독 데뷔 직전까지 뛰면서 가장 뛰어난 활약을 펼쳤던 팀은 다름 아닌 토트넘이었다.

선수 시절의 채프먼은 뛰어나거나 유명한 선수와는 거리가 멀었다. 측면 공격수로 뛰었던 그는 10개가 넘는 클럽에 몸 담았는데 그 중 다수는 아마추어클럽이거나 하부 리그의 팀이었다. 그가 가장 많은 리그 경기에 출전하면서 가장 많은 골을 넣은 팀이 토트넘이었다(42경기 16골). 그마저도 2년간 활약한 것이 전부였던 그는 31세의 나이에 선수 생활을 마감하고 노스햄튼 타운에서 선수 겸 감독으로서 감독 커리어를 시작했다.

그가 감독이 되기로 결심한 계기는 아주 우연히 찾아왔다. 이에 대해 채프먼은 데일리메일과의 인터뷰에서 직접 다음과 같이 말했다.

선수 생활을 마칠 때쯤, 나는 다시 평범하게 일을 할 계획이었다. 나는 과거에 엔지니어로 일한 적이 있었으니까. 내가 기억하는 나의 마지막 경기는 토트넘 선수로서 브라이튼을 상대로 한 경기였고 나는 두 골을 기록했다. 그때의 일을 지금도 기억하고 있다. 나는 그 경기 후 욕조에 누워서 더 이상 선수 생활에 아무런 후회가 없다고 생각했다.

그 무렵 나의 토트넘 동료였던 월터 불의 계약이 종료됐다. 그리고 그는 내가 전에 뛰었던 노스햄튼 타운의 선수 겸 감독에 임명됐다. 그런데 어느 날 갑자기 그가 내게 다가와서 자기는 토트넘에서 한 시즌 더 뛰고 싶으니 내가 대신 노스햄튼의 선수 겸 감독을 맡는 것이 어떠냐고 제안했다. 결국 그렇게 나는 노스햄튼 선수 겸 감독이 됐다.

그는 처음 감독으로서 팀을 이끌던 노스햄튼 시절부터 이미 전술가다운 면모를 보였다. 혹은, 20세기의 위대한 감독들로 기억되는 모든 인물 중에서 채프먼은 아마도 가장 먼저 전술적인 면모로 그 역량을 인정받은 감독이었을 것이다. 동시에 그는 선수 보는 눈에도 일가견이 있어서 적은 돈으로 뛰어난 선수를 영입하곤 했는데, 다음은 스티븐 스터드의 저서 『허버트 채프먼, 풋볼 엠퍼러(Herbert Chapman, Football Emperor)』에 소개된 내용 중 일부이다.

허버트 채프먼

채프먼은 노스햄튼 감독 시절부터 미드필더를 후방으로 내림으로써 공격수들에게 더 많은 공간을 줌과 동시에 상대 수비수들이 페널티 박스 밖으로 나오는 플레이를 유도하는 등 다양한 전술을 시도했다. 채프먼은 1908/1909시즌 노스햄튼 타운을 이끌고 사우던리그 우승 을 차지했는데, 이 시즌을 앞두고 코벤트리에서 그가 영입해 온 알 버트 루이스는 그 시즌 득점왕을 차지했다.

노스햄튼 타운에서 지도력과 전술적인 역량을 인정받은 채프먼은 1912년에 리즈 시티로 팀을 옮겼는데, 새 팀에서 감독직을 수행하던 중 불미스러운 혐의로 축구계를 영원히 떠날 위기에 놓이게 되었다. 1차 세 계대전 기간 중 정규 리그 외에 진행됐던 경기에 뛴 게스트 플레이어(정규 리그가 중단된 기간 중, 잉글랜드의 많은 선수들은 자신의 소속 팀 외에 다른 팀의 게스트 플레이어로서 경기를 갖곤 했다)에게 대한 급여 부정 지급 혐의로 구단 이사진 및 감독이 전원 축구계에서 영구 추방당하는 사태가 벌어졌던 것이다. 결국 채프먼은 한동안 축구계를 떠나 공장에서 일을 하며 생활을 이어 갔다.

그런 그가 축구계로 돌아올 수 있게 도와줌으로써 자신들의 클럽 역사를 바꾼 팀이 다름 아닌 허더스필드였다. 허더스필드 이사진은 채프먼이 노스햄튼 감독 시절 보여 줬던 역량을 높게 평가하고 그를 데려오기 위해 적극적으로 항소한 끝에, 채프먼에게 내려졌던 축구계 영구 추방 조치를 철회시켰다. 그 덕분에 채프먼은 1921년, 정식으로 다시 축구계에서 일을 할 수 있게 되었다.

그렇게 축구계로 돌아온 채프먼은 허더스필드에 클럽 역사상 최고의 성적으로 보답했다. 그는 감독 부임 첫 시즌이었던 1921/1922시즌 팀에 FA컵 우승을 안겨 주었고, 한 시즌 뒤인 1923/1924, 1924/1925시즌에는 2년 연속으로 잉글랜드 1부 리그 우승을 이끌었다. 리그 우승과 FA컵 우승 모두 허더스필드 클럽 역사상 최초의 일이었다. 허더스필드는 채프먼 감독이 아스널로 떠난 직후였던 1925/1926시즌에도 리그 우승을 차지했는데 팀의 대부분은 채프먼 감독이 영입한 선수들이었으며, 그 후로는 현재까지 단 한 번도 리그 우승이나 FA컵 우승을 차지한 적이 없다.

그렇게 허더스필드라는 구단이 100년 넘는 역사상 거의 유일하게 잉글랜드 축구계 정상에 있었던 시기를 이끈 채프먼은 아스널로 둥지를 옮겨 아스널의 운명을 바꿔 놓았다.

채프먼의 첫 시즌

채프먼 감독이 아스널에 부임한 후 가장 먼저 영입한 선수는 1909/1910시즌 울위치 아스널에서 선수 생활을 시작한 후 선덜랜드에서 맹활약하며 현재까지도 선덜랜드의 리그 최다 골 기록을 보유하고 있는 전설적인 공격수 찰리 버컨이었다.

채프먼 감독이 버컨을 영입할 당시 그의 나이는 이미 34세였다. 한 물간 선수를 영입했다는 비판이 자연스럽게 따라왔지만 그는 결국 1925년 8월 토트넘을 상대로 한 북런던더비에서 아스널 데뷔전을 갖고 첫 시즌에 21골을 터뜨리며 단숨에 아스널의 핵심 선수로 자리 잡았다.

채프먼 감독이 아스널에 부임해서 가진 첫 시즌, 아스널은 뉴캐슬에 0-7 대패를 당하는 등 불안한 모습을 보이기도 했지만 결국 당시 아스널 최고의 성적이었던 리그 2위로 시즌을 마치면서 새로운 시대가 임박했음을 보여 주기도 했다. 아스널이 이 시즌 기록한 승점 52점은 그들이 이전까지 기록했던 최고 승점(1920/1921시즌)보다 8점이 높은 결과였다. 또 아스널은 이 시즌, 구단 역사상 가장 많은 입장료 수입을 기록하기도 했다. 아스널을 제치고 그 시즌 리그 우승을 차지한 팀은 채프먼 감독이 전 시즌까지 이끌면서 리그 2년 연속 우승을 일궈 냈던 허더스필드였고, 아스널 다음으로 3위를 차지한 팀은 버컨의 친정팀이었던 선덜랜드였다.

그리고 이 시즌에 채프먼 감독이 겪은 많은 시행착오와, 같은 해인 1925년 잉글랜드 축구계에 일어난 커다란 축구 규칙 변화인 오프사이드 룰의 변경은 완전히 새로운 전술을 탄생시켰다. 바로 채프먼 감독과 아

찰리 버컨

스널을 세계 축구 전술사에 영원히 남게 만든 3-2-2-3 전술, 혹은 'WM 포메이션' 이었다.

채프먼 감독과 WM 포메이션

허버트 채프먼은 여러 의미에서 아주 혁신적인 감독이었다. 그러나 그가 혁신했던 모든 것들 중에서도 그의 이름과 함께 거의 항상 따라다니며 그의 발명품처럼 여겨지는 전술이 바로 WM 포메이션이다.

채프먼 감독이 WM 포메이션을 구상하게 된 계기에 약간씩 다른 설이 존재한다. 그러나 채프먼 감독 시절 그를 보좌한 코치 중 한 명이었고 2차 세계대전 이후 아스널 감독을 맡게 되는 톰 휘태커의 말에 의하면, 그것을 먼저 제안했던 사람은 채프먼이 처음 영입했던 선수인 찰리 버컨이었다고 한다.

버컨은 뉴캐슬전에서 0-7 대패를 당한 후 채프먼 감독 및 다른 선수들과 가진 회의 중에 수비수들과 미드필더 사이에 센터 하프를 기용하거나, (당시에는 최종수비수를 의미했던)풀백을 2명이 아닌 3명을 기용하는 안을 제안했다. 당시까지 잉글랜드에서 가장 유행했던 포메이션은 2–3–5 포메이션이었으나 1925년에 오프사이드룰이 완화되면서(볼을 받는 선수 앞 상대 선수 숫자 규정이 3명에서 2명이 되면서) 수비를 강화할 필요가 생긴 것이다.

채프먼 감독은 버컨의 제안을 받아들여 수비수를 한 명 늘리고(2 → 3), 미드필더들을 아래로 내리면서 두 명을 두되(3 → 2), 최전방에 있던 5명의 선수 중 두 명을 아래로 내리고 세 명을 그대로 전방에 두는(5 → 2–3) 3–2–2–3(혹은 3–4–3이라고 부르기도 하는)전술을 가용하기 시작했다. 이 대형은 위에서 내려다보면 영문 WM을 겹쳐 놓은 것과 유사해 보였다. 그 모습에서 탄생한 용어가 바로 WM 포메이션이다. 세계 축구사에 채프먼 감독의 '작품'으로 널리 알려져 있고, 아스널에 영광의 시대를 불러온 것으로 인지되는 WM 포메이션의 탄생에 대해서는 의외로 의견이 분분하다. 일반적으로 WM 포메이션은 채프먼 감독이 발명한 것이라고 여겨져 왔으나, 시간이 지나면서 많은 축구 전문가들의 고증을 통해 반론이 이어지기도 했다. 채프먼 감독 이전에 이미 뉴캐슬, QPR, 사우스햄튼, 허더스필드 등에서 유사한 전술을 사용했다는 지적이 그것이다.

결론적으로 말하자면, WM 포메이션을 가장 처음 사용한 것은 채프먼 감독이 아니다. 그가 아스널에서 WM 포메이션을 하루아침에 성공적으로 운용한 것 역시 아니다. 전술이 제대로 자리 잡기까지는 수년의 시간이 걸렸다. 그러나, 결국 그런 시행착오 끝에 WM 포메이션을 가장 성공적으로 구현하면서 새 시대의 전술 트렌드이자 역사에 남을 사조 중 하나로 만들어 낸 것은 채프먼 감독이 맞다고 볼 수 있겠다.

16 | 1927년
아스널의 첫 FA컵 결승전 진출

아스널 부임 후 첫 시즌을 리그 2위로 마치며 좋은 모습을 보이는 듯했던 채프먼 감독은 다음 시즌을 준비하면서 수비 보강에 가장 먼저 신경을 썼다. 공격진에서는 이미 버컨이 팀 전체의 리더로서 자리를 잡고 있었으나 수비진에서는 그런 역할을 할 선수가 없었다. 그런 이유로 채프먼 감독은 사우스햄튼으로부터 수비수 톰 파커를 영입하고 그를 팀의 주장으로 임명했다. 이후 파커는 팀의 주축 선수가 되어 155경기 연속 출장 기록을 세우게 된다.

그러나 불가사의하게도 채프먼 감독의 아스널은 뒤이어진 4시즌 동안 리그에서 중위권에 머물렀다. 1926/1927시즌부터 1929/1930시즌까지 아스널의 리그 순위는 각각 11위, 10위, 9위, 14위에 그쳤다. 이것은 당대 최고의 감독으로 불렸던 채프먼 감독을 영입하고 스타 선수들을 끌어 모으는 데 돈을 투자했던 아스널이 기대했던 바와 분명 거리가 먼 성적이었다. 노리스 구단주가 이런 성적에 만족할 리도 만무했다.

반면에 리그 성적이 기대 이하였던 이 4년 사이에 아스널은 컵대회에서 점점 더 경쟁력 있는 모습을 보여 주었다. 그 시작은 1927/1927시즌, 아스널 최초의 FA컵 결승전 진출이었다. 아스널은 이 시즌 FA컵에서 셰필드 유나이티드(3-2 승리), 포트 베일(2-2 무승부 후 1-0 승리), 리버풀(2-0 승리), 울버햄튼 원더러스(2-1 승리), 사우스햄튼(2-1 승리)을 차례로 꺾고 대망의 결승전에 진출했다. 결승전 상대는 카디프 시티였다.

많은 팬들이 아스널의 우승을 점쳤던 이 경기에서 아스널은 버컨을 비롯한 선수들이 수많은 골 찬스를 놓쳤고, 오히려 후반 30분경 카디프 시티 공격수 퍼거슨에게 실책성 골을 내주며 0-1로 패하고 말았다. 실망스러운 첫 FA컵 결승전의 마무리였다. 이날 경기는 두 가지 의미에서 잉글랜드 축구 역사에 남게 되었다. 바로 카디프 시티에게 2부 리그 이하를 제외하면 현재(2017년)까지 기록한 유일한 메이저 대회 우승이었다는 것, 그리고 FA컵에서 잉글랜드 외 클럽(카디프 시티는 웨일즈의 클럽이다)이 우승을 차지한 유일한 사례였다는 것이다.

17 | 1927년
노리스 구단주 소송 사건

아스널이 처음으로 FA컵 결승전까지 진출하고 석패했던 1927년, 아스널 내부에서는 또 하나의 중요한 사건이 발생했다. 아스널을 인수한 후 감독의 권한을 포함한 거의 모든 영역에서 절대적인 영향력을 행사해 왔던 노리스 구단주가 소송에 휘말리면서 결국 아스널을 떠나게 된 것이었다.

채프먼 감독이 1925년 아스널로 부임해 1926년에 리그 2위를 기록하고도 몇 년간 절치부심하다가 1929년이 되어서야 FA컵 우승을 시작으로 황금의 1930년대를 열어 젖힌 이면에는 그에게 늘 걸림돌이 됐던 노리스 구단주가 사라졌다는 사실도 작용했다고 볼 수 있을 것이다.

노리스 구단주의 소송 사건은 현재까지도 가장 널리 읽히는 영국의 일간지 중 하나인 데일리메일이 최초로 보도하면서 불거졌다. 데일리메

일은 1927년 8월 30일자 단독 보도를 통해, 노리스 구단주가 당시 기준으로 2년 전인 1925년에 찰리 버컨을 영입하는 과정에서 불법적인 방법을 사용했다는 사실, 그리고 그가 구단 버스를 판매해서 올린 수입이 그의 아내의 계좌로 이체됐다는 사실을 폭로했다.

이 보도가 나온 후 잉글랜드 FA는 진상 조사를 거쳐 노리스 구단주를 축구계에서 영구 추방했다. 노리스는 추방 조치를 당한 직후 데일리 메일에 소송을 제기하겠다는 입장을 밝혔다가 1년 후인 1928년 소송을 취하했다. 런던 변두리의 울위치 지역에 있던 아스널을 인수해서 풀럼과 합병하겠다는 야심 찬 계획을 추진하고, 그것이 실패로 돌아가자 아예 팀을 북런던으로 이주시킨 노리스 구단주가 클럽의 역사에 미친 막대한 영향을 생각해 보면 참으로 초라한 퇴장이었다.

결국 그렇게 노리스가 아스널을 떠나면서 아이러니하게도 채프먼 감독은 그의 전임자와 달리 자신의 의지대로 팀을 운영해 나갈 수 있게 되었다. 이는 아스널 구단 측에서도 인정하는 바여서, 아스널이 창단 125년을 기념하여 홈페이지에 연재했던 클럽 역사에 대한 글에는 이런 말이 남아 있다.

노리스 구단주가 축구계에서 영구 추방당하면서, 채프먼 감독은 마침내 그의 자유의지대로 아스널을 만들어 갈 수 있게 되었다.

레전드 알렉스 제임스와 클리프 바스틴 입단

알렉스 제임스는 아마도 아스널의 첫 번째 아이콘 같은 선수였을 것
이다. —아스널 공식 홈페이지

1927년 FA컵 결승에 진출하고 이듬해 노리스 구단주가 팀에서 완
전히 떠날 무렵, 채프먼 감독의 아스널은 서서히 그의 구상대로 움직이
기 시작했다. 자신이 직접 영입한 주장 파커를 중심으로 팀의 조직력도
점차 맞아 들어 갔고, 아스널에서 다양한 역할을 맡은 코치진들도 제 역
할을 하기 시작했다. 특히 이 시기 채프먼 감독은 선수단 관리 및 팀 운
영의 많은 부분을 톰 휘태커 코치와 상의하며 진행했는데, 휘태커 코치
는 훗날 아스널의 감독으로 부임한다.

그러나 허더스필드에서 2년 연속 리그 우승을 차지하고 아스널로
온 채프먼의 유일한 목표는 우승이었다. 그리고 그 목표를 달성하기 위
해선 피치 위에서 자신이 원하는 축구를 구현해 줄 그만의 리암 브래디,
베르캄프, 혹은 앙리가 필요했다. 그가 선덜랜드에서 영입해 왔던 찰리
버컨은 입단 당시 이미 34세였고 1928년을 끝으로 은퇴를 선언한 후였다.

채프먼 감독이 공격진에서 자신의 상상을 현실로 만들어 줄 선수를
찾고 있던 그 시기에, 프레스턴에서 뛰면서 '웸블리의 마법사'라고 불렸
던 알렉스 제임스가 이적시장에 나왔다. 그의 영입에 맨시티, 버밍엄, 아
스톤 빌라, 리버풀 등이 뛰어들었지만, 채프먼 감독은 직접 나서서 노력
한 끝에 결국 그를 하이버리로 데려오는 데 성공했다.

알렉스 제임스   클리프 바스틴

제임스가 아스널에서 맹활약하기 시작했던 1929년, 같은 해에 17세의 어린 나이로 아스널에 입단해 제임스와 완벽한 조합을 보여 주며 맹활약한 신예 공격수도 있었다. 약 70년 후인 1997년 이안 라이트가 기록을 경신하기 전까지 아스널 최다 골 기록을 보유했던 클리프 바스틴이 바로 그 주인공이었다.

제임스가 이미 검증된 스타를 다른 구단들과의 영입 경쟁에서 승리하여 아스널로 데려온 경우였다면, 바스틴은 채프먼 감독의 선수를 알아보는 능력이 돋보인 예였다. 아스널의 초기 역사를 다룬 책 『포워드, 아스널(Forward, Arsenal)』에는 다음과 같은 일화가 소개되어 있다.

채프먼이 바스틴을 발견한 것은 아주 우연한 일이었다. 그는 추천받은 왓포드의 한 선수를 관찰하기 위해 3부 리그 경기장을 찾아갔다. 그날 왓포드의 상대팀은 엑스터 시티였다. 그러나 경기가 시작된 지 몇 분 후부터 채프먼 감독은 엑스터 시티에서 뛰고 있는 아직 어린 소년 같아 보이는 선수에만 집중하기 시작했다. 결국 그로부터 얼마 지나지 않아 바스틴은 아스널 선수가 됐다.

그렇게 서로 다른 배경을 통해 입단한 제임스과 바스틴은 마침내 채프먼의 아스널을 리그 챔피언으로 만드는 데 결정적인 역할을 했다. 그 결실이 처음 맺어진 것은 1929/1930시즌 FA컵 결승전이었다.

19 | 1930년
아스널의 첫 FA컵 우승

1929/1930시즌, 채프먼 감독의 아스널은 리그 14위를 기록했다. 리그 성적만 놓고 보면 그의 감독 부임 이후 최악의 결과이자 나이튼 감독 시대와 크게 다를 것이 없는 모습이었다.

하지만 채프먼 감독은 사실 그 시즌 중반이 넘어갈 즈음 리그 우승 가능성이 완전히 사라지자 FA컵에만 집중했다. 이 시즌 FA컵에서 아스널은 첼시(2-0 승리), 버밍엄 시티(2-2 무승부 후 1-0 승리), 미들스브로(2-0 승리), 웨스트햄(3-0 승리), 헐 시티(2-2 무승부 후 1-0 승리)에 승리를 거둔 후 결승전에 진출했다. 묘하게도 결승전의 상대는 다름 아닌 채프먼 감독의 친정팀 허

웸블리에서 1930년 FA컵 우승컵을 들고 포즈를 취한 아스널 선수단

더스필드였다. 채프먼이라는 명장을 공통분모로 가진 두 팀의 선수들은 함께 나란히 선수 입장 터널을 나와 경기장에 들어섰는데, 이는 FA컵 역사상 처음 있는 일이었다.

이날 아스널은 채프먼 부임 이후 그가 직접 영입해 온 선수들이 주축을 이룬 가운데 허더스필드를 맞이했다. 톰 파커가 주장 완장을 찼고, 1년 전 아스널에 입단한 제임스와 바스틴도 나란히 출전했다.

승부의 추를 가른 선제골은 제임스에게서 나왔다. 전반 시작 16분 만에 나온 골이었고, 그 골을 어시스트한 주인공은 다름 아닌 바스틴이었다. 바스틴이 제임스에게 어시스트를 내주기 전에 그에게 패스를 준 사람도 제임스, 즉 1929년에 채프먼 감독이 데려온 두 사람이 FA컵 결승전에서 단 두 사람 간의 부분 전술을 통해 선제골을 터뜨렸던 것이다.

결국 아스널은 후반 종료 직전에 성공시킨 한 골을 더해 2-0 완승을 거두며 사상 첫 FA컵 우승이자 메이저 대회 우승을 차지했다.

이날 아스널의 첫 메이저 대회 우승 뒤에는 두 가지 비하인드 스토리가 숨어 있다. 하나는 채프먼 감독이 아스널에 부임하면서 "5년 내에 우승을 차지하는 팀을 만들겠다"고 한 공언을 지키게 됐다는 것, 그리고 또 하나는 이날 경기를 중계석에서 중계한 조지 앨리슨이라는 남자가 머지 않은 훗날 아스널 감독으로 부임하게 된다는 것이었다.

20 | 1930/1931시즌
아스널의 첫 리그 우승

채프먼 감독 부임 이래 5년의 시간이 흘렀다. 감독 이상으로 팀에 영향을 미치던 노리스 구단주는 팀을 떠났고, 채프먼 감독은 1929년 영입한 제임스와 바스틴을 중심으로 본인이 원하는 팀의 구상을 마쳤다. 그리고 1930년 FA컵 우승을 차지하면서 마침내 채프먼호 아스널의 잠재력이 꽃을 피웠다. 바로 다음 시즌인 1930/1931시즌, 아스널은 그렇게 창단 후 50여 년 만에 처음으로 대망의 리그 우승을 달성했다.

이 시즌 아스널의 WM 포메이션에서 최전방에 해당하는 세 선수인 잭 램버트, 데이비드 잭, 클리프 바스틴은 각각 38골, 31골, 28골을 터뜨렸다. 아스널은 이 시즌 리그에서만 무려 127골을 넣었고 그 기록은 현

데이비드 잭

재까지도 한 시즌 최다 골 기록으로 남아 있다. 리그 2위를 기록한 아스톤 빌라와의 승점 차이는 7점. 당시 1승에 승점 2점이 부여되었다는 점을 감안하면 압도적인 우승이었다.

이 시즌 아스널은 특히 공격적인 면에서 수 차례 완벽한 경기를 보여 줬다. 1931년 1월 28일 하이버리 구장에서 열렸던 그림즈비 타운과의 경기에서는 9-1 대승을 거뒀고 이는 현재까지 아스널의 리그 경기 최다 골 기록으로 남아 있다. 또한 블랙풀에는 7-1, 레스터에는 7-2 승리를 거뒀다.

사상 최초의 리그 우승 이외에도 이 시즌 아스널이 거둔 또 다른 대업이 있었다. 리저브 팀이 5년 연속으로 리저브 리그에서 우승을 차지한 것이었다. 이는 채프먼 감독이 아스널에 부임한 직후부터 강한 (당시에는 유소년 선수도 뛰었던)2군 팀을 육성하겠다고 공언했던 말이 실현된 것이었다.

즉 1931년의 아스널은 1군은 물론 2군 선수들과 유소년 선수들마저 잉
글랜드의 최고였다. 이를 감안해 보면 이후로 1930년대 잉글랜드 축구
를 아스널이 지배했던 것은 결코 우연이 아니었다.

1930/1931시즌 풋볼리그 순위표

순위	팀명	경기	승	무	패	승점
1	아스널	42	28	10	4	66
2	아스톤 빌라	42	25	9	8	59
3	셰필드 웬즈데이	42	22	8	12	52
4	포츠머스	42	18	13	11	49
5	허더스필드	42	18	12	12	48
6	더비 카운티	42	18	10	14	46
7	미들스브로	42	19	8	15	46
8	맨체스터 시티	42	18	10	14	46
9	리버풀	42	15	12	15	42
10	블랙번	42	17	8	17	42
11	선덜랜드	42	16	9	17	41
12	첼시	42	15	10	17	40
13	그림즈비 타운	42	17	5	20	39
14	볼튼 원더러스	42	15	9	18	39
15	셰필드 유나이티드	42	14	10	18	38
16	레스터 시티	42	16	6	20	38
17	뉴캐슬	42	15	6	21	36
18	웨스트햄	42	14	8	20	36
19	버밍엄	42	13	10	19	36
20	블랙풀	42	11	10	21	32
21	리즈 유나이티드	42	12	7	23	31
22	맨체스터 뉴나이티드	42	7	8	27	22

두 번째 리그 우승

　최근 축구계에서는 한 시즌에 2개의 대회에서 우승하는 경우 '더블'이라는 표현을 쓰지만, 과거 잉글랜드에서 '더블'이란 리그 우승과 FA컵 우승을 동시에 차지하는 것만을 가리키는 말이었다. 그도 그럴 것이 리그컵이나 유럽 대륙 대항전이 시작되기 전까지는 공식 축구 대회라곤 그 두 대회뿐이었기 때문이다. 아스널은 1930년 FA컵 우승을 차지했고, 1931년에는 리그 우승컵을 들어 올렸다. 1931/1932시즌 채프먼 감독의 목표는 그 두 대회에서 모두 우승하여 1888/1889시즌의 프레스턴, 1896/1897시즌의 아스톤 빌라에 이어 20세기 최초로 더블을 차지하는 것이었다.

　그러나 아스널은 직전 시즌 우승의 기세를 시즌 초반으로 이어 가지 못했다. 그들은 웨스트 브롬과의 홈경기에서 패한 후 5라운드까지 승리를 거두지 못했다. 그 후 아스널은 서서히 폼을 되찾기 시작했지만, 끝내 시즌 초반의 부진을 극복하지 못하고 에버튼에 승점 2점 차이로 리그 우승을 내주었다. 만약 이 시즌 아스널이 우승을 차지했다면, 그들은 1930년부터 1935년까지 5년 연속 리그 우승이라는 대업을 달성할 수도 있었을 것이다.

　좌절의 아픔을 뒤로 하고 아스널은 다시 한 번 FA컵 결승전에 진출했다. 아스널의 이번 결승전 상대는 뉴캐슬. 아스널은 밥 존이 전반 15분에 선제골을 넣으며 순조롭게 경기를 풀어 나가는 것처럼 보였지만, 전반 38분 엄청난 논란을 몰고 온 골이 나왔다. 뉴캐슬의 지미 리차드슨이 오른쪽 측면에서 올린 크로스를 잭 앨런이 골로 성공시키는 과정에서, 볼이 이미 경기장 밖으로 넘어갔는데 주심과 부심이 그것을 보지 못하고 골로 인정해 버린 것이다.

결국 이 골로 인해 뉴캐슬은 동점을 만들었고 경기의 판세는 완전히 달라졌다. 뉴캐슬의 동점골을 터뜨렸던 잭 앨런은 후반전 27분에 추가골까지 터뜨렸고, 결국 그해 FA컵 우승의 주인공은 뉴캐슬이 되었다. 아스널로서는 오심으로 내준 첫 골이 두고두고 아쉬운 상황이었다.

그러나 리그에서 1경기 차이로, FA컵에서 1골 차이로 모두 아쉽게 우승을 놓친 쓰라린 경험은 아스널이 더 강해지는 계기가 되었다. 1932/1933시즌 아스널은 무려 118골을 넣으며 또 한 번 100골이 넘는 골 폭죽을 터뜨렸고, 2위 아스톤 빌라와의 맞대결에서 5-0 대승을 거두며 리그 우승을 확정 지었다. 그 후로 아스널은 3년 동안 리그 최정상의 자리를 내주지 않았다.

그러나 그 다음해인 1934년, 아스널에게 리그 우승의 기쁨을 잠재울 만큼 충격적인 일이 발생했다. 그들을 잉글랜드 정상의 팀으로 올려 놓은 허버트 채프먼 감독의 별세였다.

22 | 1934년 1월, '최초의 위대한 감독'
채프먼의 갑작스러운 사망

1932/1933시즌 중 FA컵 우승 후보였던 아스널이 3부 리그 클럽 월설에 0-2로 패배한 것을 계기로 채프먼 감독은 팀을 리빌딩할 필요를

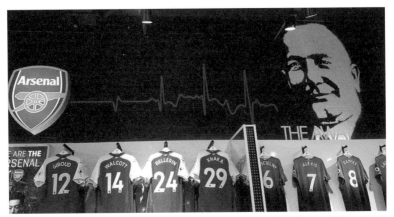

아스널 공식 스토어 '아머리' 내부에 그려진 채프먼의 모습

에미레이츠 스타디움 한편에 서 있는 채프먼의 동상

느끼고 작업에 착수했다. 이 무렵, 아스널이 최초로 FA컵 우승을 차지했던 날 중계석에서 중계를 했던 조지 앨리슨은 아스널의 이사가 되어 있었고, 두 사람은 함께 아스널의 리빌딩을 진행해 나가기 시작했다.

그러나 채프먼 감독은 자신이 시작한 리빌딩의 완성을 제대로 보지 못했다. 1933년 12월 30일 버밍엄 원정경기를 마치고 새해를 맞이한 그는 아스널 3군 팀 대 길포드 시티의 경기를 관전한 직후 고열 증세를 겪었고 그로부터 얼마 지나지 않아 폐렴으로 세상을 떠나고 말았다. 1934년 1월 6일의 일이었다. 향년 55세. 한 시대를 풍미한 명장의 너무나 갑작스러운 사망이었다.

채프먼 감독은 아마도 세계 축구의 역사 속에서 누구나 인정할 '명장'으로서의 업적을 최초로 보여 준 사람이었을 것이다. 그 이전에도 좋은 지도력을 선보인 감독은 물론 있었으나, 채프먼은 그가 부임할 때까지 우승 전적이 없었던 허더스필드와 아스널을 당대 리그 우승팀으로 만들어 냈다. 20세기 영국 축구 역사상 명장으로 기억되는 맨유의 맷 버즈비, 리버풀의 빌 샹클리, 토트넘의 빌 니콜슨 등은 모두 채프먼보다 20~30년 후에 활동한 감독들이었다.

2006년 10월에 영국에서 출간된, 채프먼 감독의 생애를 다룬 책의 제목이 여전한 그의 존재감을 상징적으로 나타내 주고 있다. 그 제목은 『최초의 위대한 감독: 허버트 채프먼(The First Great Manager: Herbert Chapman)』 이었다.

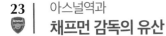

23 | 아스널역과
채프먼 감독의 유산

> 허버트 채프먼은 정말 혁신적인 사람이었다. 그와 함께 일했던 나의
> 아버지는, 그가 원한다면 채프먼은 영국의 총리도 될 수 있었을 것
> 이라고 말했다. —피터 힐 우드 전 아스널 회장

허버트 채프먼 감독은 아스널에 최초의 리그 우승과 FA컵 우승을
안겨 주었다. 그가 있었기에 1930년대 아스널이 잉글랜드의 빅클럽으로
자리잡을 수 있었고, 그 이후로 아스널은 리그에서 부진한 시기에도 언
제든 FA컵에서 우승을 노릴 수 있는 클럽으로 인식되었다. 한마디로 말
해서, 채프먼 감독이 없었다면 오늘의 아스널은 전혀 다른 팀이 됐을 것
이다.

그러나 채프먼 감독이 아스널에 남긴 유산은 단지 그런 축구 성적
부분에만 국한되지 않는다. 시대를 앞서간 대단히 혁명적인 감독이었던
그는 축구계 전체와 아스널 구단의 많은 것을 바꾸었다.

우선 아스널이 현재와 같은 '레드-화이트' 유니폼을 착용하게 된 것
은 채프먼 감독의 아이디어에서 비롯된 것이었다. 그가 유니폼 색상의
아이디어를 처음 얻게 된 경위에 대해서는 의견이 분분하지만, 아스널
공식 홈페이지에서 전하는 이유는 '그렇게 해야 경기 중 동료들을 쉽게
알아볼 수 있기 때문'이었다는 것이다. 그는 또 클럽들 간의 제휴나 유
럽 투어를 최초로 시작한 감독 중 하나였다. 하이버리 스타디움의 명물
이었던 하이버리 시계도 채프먼 감독의 작품이었다. 채프먼은 관중들이

에미레이츠 스타디움 인근에 위치한 아스널 역

경기 중 남은 시간을 정확히 알게 하자는 취지에서 시계의 설치를 추진했다. 그렇게 하면 관중들이 더 경기에 몰입할 수 있다는 것이었다.

그가 아스널에 남긴 유산들 가운데 현재까지도 일상 생활을 통해 가장 가깝게 느낄 수 있는 것은 에미레이츠 스타디움 인근에 위치한 아스널 역(Arsenal Station)의 존재다. 아스널은 기차 역을 제외하면 런던에서 그들의 이름을 딴 지하철 역을 보유한 유일한 축구팀인데, 그것을 가능하게 만든 사람이 다름 아닌 채프먼 감독이었다. 아스널 공식 홈페이지에서는 그 일에 관해 다음과 같이 기록하고 있다.

채프먼 감독은 경기장 주변에 있던 지하철 역의 이름을 개명하자고 나서며 "도대체 누가 길레스피 로드라는 이름을 아나? 여긴 아스널이라고!"라고 말했다. 그 후 오랜 시간의 협상을 통해 1932년 11월

5일부터 길레스피 로드 역은 아스널 역으로 이름이 바뀌어 오늘날
까지 이어지고 있다.

24 | 1934년 6월, 조지 앨리슨 감독의 부임과
3년 연속 리그 우승

　20세기 초·중반의 축구 역사를 살펴보면 특이한 경력을 가진 감독
을 자주 볼 수 있다. 예를 들면 맨유 경기에서 주심을 본 인물이 그로부
터 10여 년 후에 맨유의 감독으로 부임한 적이 있다.

　아스널의 역사에도 그런 인물들이 존재한다. 그 중에서도 특히 조지
앨리슨 감독은 아스널에 큰 족적을 남겼다. 그는 한때 스포츠 매체에서
울위치 아스널을 담당하는 기자였고, 앞서 소개했듯 아스널의 첫 FA컵
우승 당시에는 그 경기를 중계한 해설자였다. 그는 BBC의 첫 스포츠 중
계자로 기록되어 있다.

　채프먼 감독이 별세한 이후, 아스널은 남은 시즌을 조 쇼의 대행 체
제로 운영하고도 리그 우승을 달성했다. 쇼 감독 대행 역시 자신의 역할
을 잘했지만 채프먼 감독 시절의 좋은 성적과 그가 남긴 시스템이 큰 영
향을 미쳤다는 것은 부정할 수 없는 사실이다.

　앨리슨이 정식으로 아스널 감독에 부임한 것은 1934년 6월의 일이
었다. 그는 채프먼 시절부터 감독을 보좌했던 톰 휘태커 코치, 그리고 감
독 대행으로 팀을 이끌었던 조 쇼를 코치로 기용했고, 채프먼과 쇼가 2
년 연속으로 일궈 냈던 리그 우승의 바통을 그대로 이어받아 아스널에 3

년 연속 리그 우승을 안겼다.

이 시즌 아스널은 토트넘에 6-0, 리버풀에 8-1 대승을 거두는 쾌거를 달성했다. 채프먼 감독이 세상을 떠난 후에도 1930년대는 여전히 아스널의 시대라는 것을 만방에 증명한 것이었다.

그리고 이 시즌, 앨리슨 감독의 눈에 띄어 아스널의 새로운 주포로 활약하게 되는 전설적인 공격수가 있었다. 아스널에서 선수로 맹활약하고 훗날 첼시의 감독이 되어 첼시에 첫 리그 우승컵을 안겨 준 그 주인공은 테드 드레이크였다.

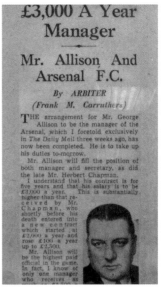

조지 앨리슨의 아스널 감독 부임 소식을 다룬 신문 기사

---

25 | 1934년
테드 드레이크의 입단과 7명의 거너들

채프먼 감독은 부임 직후 선덜랜드에서 찰리 버컨을 영입했고, 클리프 바스틴이라는 걸출한 신예 공격수를 발굴하기도 했다. 그 후임자인 앨리슨 감독에게 그런 역할을 해 준 공격수는 단연 테드 드레이크였다.

사실 테드 드레이크는 이미 채프먼 감독 시절부터 영입을 시도했던 선수였다. 그래서 종종 드레이크를 영입한 사람이 채프먼이라고 오해하

테드 드레이크   에디 햅굿

는 사람들도 있다. 1931년부터 1934년까지 사우스햄튼에서 활약한 드레이크는 특히 1934년에는 22골을 터뜨리며 잉글랜드 2부 리그 득점왕에 오르기도 했다. 채프먼 감독은 그런 드레이크 영입에 열을 올렸으나 결국 실패로 돌아갔다.

앨리슨 감독은 부임 직후부터 드레이크를 영입하는 데 전력을 다했고, 사우스햄튼의 수 차례 거절에도 불구하고 결국 드레이크를 아스널에 데려오는 데 성공했다. 그리고 드레이크는 아스널 입단 첫 시즌이었던 1934/1935시즌, 리그에서만 42골을 터뜨렸고 컵대회에서의 두 골을 포함하여 총 44골을 기록했다. 이는 현재까지도 아스널 선수가 한 시즌에 기록한 최다 골 기록으로 남아 있다.

에미레이츠 스타디움 외벽을 장식하고 있는 레전드들의 모습.
어깨동무를 한 선수들 중 왼쪽에서 두 번째가 테드 드레이크이다.

드레이크가 맹활약하며 아스널을 3년 연속 리그 우승으로 이끌었던
1934년, 당시 아스널이 얼마나 잉글랜드 축구계를 완벽하게 지배했었는
지 상징적으로 보여 주는 경기가 펼쳐졌다. 1934년 11월 14일, 잉글랜드
대 이탈리아의 국가대표팀 친선 경기에 프랭크 모스, 조지 메일, 에디 햅
굿, 윌프 코핑, 레이 보우덴, 테드 드레이크, 클리프 바스틴 등 무려 7명
의 아스널 선수들이 선발 출전한 것이었다. 묘하게도 경기는 하이버리
스타디움에서 열렸는데, 3-2(잉글랜드 승리)라는 스코어만큼이나 격렬했던
경기 내용으로 오늘날까지 '하이버리의 전투'라는 이름으로 기억된다.
한편, 이날 이탈리아 대표팀이 기록한 두 골은 한 선수의 발에서 나왔는
데 바로 인터 밀란과 이탈리아의 레전드 공격수 주세페 메아차였다.

또 한 번의 리그 우승과 FA컵 우승

1934/1935시즌 앨리슨 감독의 부임 이후 3년 연속 리그 우승을 달성한 아스널은 그 다음 시즌이었던 1935/1936시즌에 FA컵 우승을 차지했다. 결승전에 진출하기까지 브리스톨 로버스(1-0 승리), 리버풀(2-0 승리), 뉴캐슬 유나이티드(3-3 무승부 후 3-0 승리), 반슬리(4-1 승리), 그림즈비 타운(1-0 승리)을 꺾었고, 결승전에서는 셰필드 유나이티드를 만나 1-0 승리를 거뒀다. 결승골의 주인공은 테드 드레이크였다. 드레이크는 이 시즌 있었던 아스톤 빌라전에서 무려 7골을 터뜨리기도 했는데, 이 기록은 현재까지도 개인이 넣은 한 경기 최다 골 기록으로 남아 있다.

FA컵에서와 달리 리그에서 잠시 주춤하는 모습을 보였던 아스널은 1937/1938시즌 다시 한 번 리그 우승을 차지하면서 1930년대에만 다섯 번째 리그 우승의 위업을 달성했다.

그렇게 압도적인 1930년대를 보내고 그 영광을 1940년대로 이어 갈 준비를 하고 있던 아스널에 다시 한 번 그들의 의지와 관계 없는 비보가 들이닥쳤다. 아스널이 리그 최강자였던 바로 그 시점에 2차 세계대전이 발발하면서 정규 리그가 6년간 중지된 것이다.

2차 세계대전의 발발

'만약 2차 세계대전이 없었다면, 아스널이 1940년대 혹은 그 이후의 잉글랜드 축구계도 지배할 수 있지 않았을까?' 아스널의 오랜 팬이라면 누구나 한 번쯤 상상해 볼 만한 일이다.

아스널은 1930년대 잉글랜드 축구를 완벽하게 지배했지만, 그만큼 불운한 일도 겪었다. 채프먼 감독의 갑작스러운 사망이 그 첫 번째였다면, 2차 세계대전으로 6년 동안 리그가 모두 중단된 것은 다른 의미에서 더 큰 타격이었다. 전쟁이 끝나고 축구가 재개된 1945년, 1930년대 아스널의 중심 선수들은 대부분 이미 전성기를 지난 시점이었다.

현재 잉글랜드 축구계의 최고 명문으로 자리잡고 아스널보다 리그 우승 횟수도 많은 맨유와 리버풀이 모두 아스널보다 뒤늦게 첫 전성기를 누린 것(각각 1950~60년대, 1970~80년대)을 감안하면, 만약 이 시기에 전쟁이 없었다면 그 양상이 달랐을 수도 있다고 추측하는 것도 무리는 아니다.

한편, 전쟁 때문에 리그가 중단되기 전인 1939년, 당시 잉글랜드에서 가장 인기가 많았던 축구팀 아스널을 소재로 한 영화가 제작됐다. 하이버리 구장에서 촬영된 그 영화의 제목은 〈아스널 스타디움 미스터리 (The Arsenal Stadium Mystery)〉. 영화 속에서 앨리슨 감독은 "1-0 아스널, 우리가 좋아하는 스코어지."라는 대사를 읊는데, 이 대사는 그 이후 아스널 팬들이 현재까지도 부르고 있는 응원가로 탈바꿈하게 된다.

이 응원가는 1980~90년대 조지 그레엄 감독 시절의 '철의 포백'을 자랑했던 아스널을 상징하는(아스널이 먼저 1골을 득점하면 승리가 확정된 것이나 다름없다는 의미로) 응원가가 되었고, 현재도 에미레이츠 스타디움에서 아스널이 선제골을 터뜨리면 어김없이 이 응원가가 응원석에서 흘러나온다.

1940~1965년
2차 세계대전 이후 찾아온
아스널의 침체기

2차 세계대전이 끝나고 리그가 재개된 후 아스널은 이미 1930년대의 영웅들이 많이 떠난 상황에서도 휘태커 감독의 지도 아래 우승 트로피를 들어 올린다. 그러나, 휘태커 감독 마저 병으로 사망한 후 아스널은 침체기를 겪게 된다. 화려한 선수 시절을 보낸 빌리 라이트 감독의 재임 기간, 아스널은 무관의 세월을 보내지만 그 시기 영입된 선수들과 유소년 선수들의 성장은 또 다른 성공을 예고하고 있었다.

Chapter3.

2차 세계대전 이후 찾아온
아스널의 침체기
1940~1965년

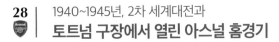

28 1940~1945년, 2차 세계대전과
토트넘 구장에서 열린 아스널 홈경기

1939년, 2차 세계대전의 발발과 함께 42명의 아스널 선수 및 스태프들이 군에 징병됐다. 아스널의 성지인 하이버리 스타디움은 전쟁 중 공습 경계 기지로 활용됐다. 때문에 하이버리는 적군의 표적이 되었고, 결국 1941년에 폭격을 받아 경기장의 일부가 파괴되는 등 내홍을 겪었다. 가장 심각한 피해는 9명의 선수들이 전쟁 중 사망했다는 것이었다. 그들 대부분은 20대 초반의 젊은 선수들이었다.

1, 2차 세계대전 중 잉글랜드에서 정규 리그와 FA컵은 중단됐지만

잉글랜드 내에서 전쟁이 치러지지 않은 중간중간 비공식 대회가 펼쳐졌고, 이 기간 중에는 소속팀에 관계 없이 각 팀이 게스트 플레이어를 초청해서 함께 경기를 가졌다. 2차 세계대전 중 아스널에서 게스트 플레이어로 뛴 선수들 중에는 훗날 초대 발롱도르 수상자가 되는 스탠리 매튜스와 리버풀의 명장 감독이 되는 빌 샹클리 등이 있었다.

한편, 2차 세계대전 중 하이버리 스타디움이 폭격을 당하면서 이 기간 아스널은 비공식 홈경기를 하이버리에서 가장 인접한 경기장인 토트넘의 화이트하트레인에서 가졌다. 아스널은 1939년부터 1945년까지 화이트하트레인에서 총 133경기를 치렀다. 이는 1차 세계대전 기간 중 아스널이 하이버리 구장을 토트넘에 대여해 줬던 것에 대한 감사 차원에서의 협조였다. 토트넘은 1차 세계대전 중 하이버리에서 총 32번의 홈경기를 가졌었다.

29 | 1946/1947시즌
전쟁의 피해와 최악의 리그 성적

2차 세계대전이 끝나고 아스널을 대표했던 공격수들인 클리프 바스틴과 테드 드레이크가 모두 은퇴한 아스널은 한때 강등권을 맴돌 정도로 저조한 성적을 보이다가 리그 13위로 전후 첫 시즌을 마감했다. 16승 9무 17패. 1930년대 5번의 리그 우승을 차지했던 팀이라고는 믿을 수 없을 정도로 무력한 모습이었다.

이 시즌 리그 1, 2위를 차지한 것은 상징적이게도 리버풀과 맨체스터 유나이티드였다. 세계대전 전 최강자가 중위권으로 내려가고, 그 전까지 리그에서 큰 두각을 드러내지 못했던 두 팀이 최정상에 올라섰던 것이다. 이후 맨유와 리버풀은 1950년대부터 서서히 전성기를 구가하며 잉글랜드 축구계의 최강자 자리에 올라서게 된다.

전쟁 후 첫 시즌을 13위로 마쳤을 무렵 앨리슨 감독은 이미 60대 중반의 나이였다. 그는 1946/1947시즌을 끝으로 팀의 지휘봉을 내려 놓았고, 아스널은 채프먼과 앨리슨 두 감독을 모두 보좌했던 톰 휘태커 코치를 새 감독에 임명했다.

30 | 1947/1948시즌, 휘태커 감독의 리빌딩과
되찾아 온 리그 우승 트로피

휘태커 감독은 전임자였던 채프먼, 앨리슨 감독처럼 축구계에서 인지도가 높거나 현재까지 뚜렷하게 기억되는 감독은 아니지만, 부임 이전부터 아스널 내부적으로는 아주 높은 평가를 받던 인물이었다. 일각에서는 채프먼 감독 시절에 실질적으로 선수단을 잘 관리한 공은 휘태커에게 있었다고 말하는 목소리도 있었다. 앨리슨 감독 시절에도 마찬가지였다. 그러니 그 두 사람에 이어 휘태커가 감독이 되고, 1930년대처럼 압도적인 수준까지는 아닐지라도 그가 아스널에 다시 우승 트로피를 가져온 것은 어쩌면 필연적인 수순이었을지도 모른다.

1947/1948시즌, 아스널은 시즌 초반부터 종료 시점까지 단 한 번도 리그 1위를 내주지 않은 채 2위 맨유보다 승점 7점을 앞선 성적으로 리

그 우승을 차지했다. 특히 시즌 중 우승 경쟁을 펼친 아스널 대 맨유의 경기에는 8만 1천 명이 넘는 관중이 몰려들었다. 이는 세계대전이 끝난 직후 잉글랜드 팬들의 축구를 향한 뜨거운 열기와, 그 시즌 두 팀 간의 경쟁이 얼마나 뜨거웠는지를 잘 보여 주는 증거였다.

휘태커 감독 체제에서 아스널의 중심이 된 선수는 주장인 조 머서였다. 앨리슨 감독이 아스널에 남기고 간 마지막 유산이라고 불렸던 머서는 불의의 부상으로 은

조 머서

퇴하기 전까지 휘태커 감독의 재임 기간 동안 팀의 핵심 선수로 활약했다.

또한 채프먼 감독에게 버컨과 클리프, 앨리슨 감독에게 드레이크라는 걸출한 공격수가 있었다면, 휘태커 감독의 첫 시즌 아스널에서는 로니 루크가 전 경기에 출전해 33골로 득점왕을 차지하며 많은 팬들의 사랑을 받았다.

7번째 리그 우승과 3번째 FA컵 우승

잠시 시선을 잉글랜드 축구계 전체로 돌려 보면, 2차 세계대전은 1930년대 아스널의 독주 시대를 완전히 '제로 베이스'로 돌려 놓으며 이후 펼쳐질 일종의 춘추전국시대를 형성했다고 볼 수 있다. 특히 잉글랜드가 유일하게 월드컵에서 우승했던 1966년을 전후로 하는 1950~60년대의 잉글랜드에는 아주 많은 명팀들이 존재했고, 누가 우승을 차지해도 이상할 것이 없는 일종의 호황기였다. 실제로 이 시기에 리그 우승컵을 들어 올린 팀들을 살펴보면 울버햄튼, 번리, 토트넘, 맨유, 입스위치 타운, 에버튼, 리버풀, 맨시티, 리즈 등 제각각이었다.

한마디로 2차 세계대전 이후 잉글랜드 축구계는 이전처럼 어느 클럽이 한 번 패권을 잡으면 3년 연속 리그 우승을 차지하는 식으로 독주하는 일 자체가 대단히 어려워졌다. 휘태커 감독의 아스널 역시 1947/1948시즌 우승을 차지했으나, 그 후 네 시즌 동안 차례로 5, 6, 5, 3위에 그치면서 중상위권에 머물렀다.

그럼에도 한 가지 분명한 것은, 1930년대 이후 잉글랜드 축구팬들의 마음속에 아스널이 '언제든지 우승을 노릴 수 있는 팀'으로 자리잡았다는 것이었다. 마치 오늘날 팬들이 퍼거슨 감독의 은퇴 후 맨유가 부진하더라도 그들이 언젠가는 부활할 것이라고 예상하는 것과 비슷한 양상이었다.

1948년 휘태커 감독 체제에서 첫 리그 우승을 차지한 아스널의 다음 영광은 1949/1950시즌 FA컵에서 찾아왔다. 아스널은 이 시즌 FA컵에서 스완지 시티의 전신인 스완지 타운(2-1 승리), 번리(2-0 승리), 리즈 유나이티드(1-0 승리), 첼시(2-2 무승부 후 1-0 승리)를 차례로 꺾고 결승전에서 리버풀을 만났다.

결승전에서 아스널의 영웅이 된 선수는 렉 루이스였다. 그는 전반 18분과 후반 15분에 골을 터뜨리며 홀로 팀의 두 골을 기록, 2-0 승리를 이끌었다. 루이스는 선수커리어 전체를 아스널에서만 보내며 리그에서만 100골 이상의 골을 터뜨린 뛰어난 공격수였지만, 커리어 한가운

렉 루이스

데 2차 세계대전이 끼면서 더 큰 빛을 보지 못했다. 이날 결승전에서 터뜨린 그의 두 골은 그런 그와 아스널에 일종의 보상과도 같은 골이었다.

이 경기가 끝난 후 아스널의 주장이자 이 시즌 '올해의 선수'로 선정되었던 조 머서가 우승 기념 메달을 받는 과정에서 작은 해프닝이 발생하기도 했다. 그에게 메달을 수여하는 과정에서 수여자가 우승 메달이 아닌 준우승 메달을 건넸던 것. 옆에 서 있던 관계자가 그 사실을 알아차

리고 곧바로 제대로 된 메달로 교체를 했다. 이날의 메달 수여자는 20대 시절의 엘리자베스 공주, 곧 지금의 엘리자베스 2세 영국 여왕이었다.

한편, 이날 무득점으로 준우승에 그친 리버풀 진영에서는 큰 논쟁이 벌어졌는데, 에버튼과의 준결승전에서 결승골을 터뜨렸던 밥 페이슬리를 결승전에 기용하지 않은 점에 대해서였다. 밥 페이슬리는 이후 리버풀의 감독이 되어 1970년대에 리버풀이 잉글랜드는 물론 유럽 최정상에 올라서는 데 가장 큰 기여를 한 주인공이었다. 그는 이날 결승전에 출전하지 못했던 경험이, 훗날 자신이 감독으로서 어려운 결정을 내리는 데 도움이 됐다고 말하기도 했다.

32 | 1950~1953년, FA컵 준우승과 '최소 차이'로 차지한 우승

휘태커 감독 부임 이후 리그 우승과 FA컵 우승을 차지한 아스널은 어느새 안정을 되찾고 1930년대의 영광을 되찾기 위한 도전을 시작했다. 그들은 1950년 이후 리그에서는 5위권을 오가는 성적을 기록했지만 FA컵에서만큼은 계속 좋은 모습을 보여 주었다.

그리고 리그에서 3위를 차지했던 1951/1952시즌, 아스널은 다시 한 번 FA컵 결승전에 올라 클럽 역사상 네 번째 FA컵 우승에 도전했다. 그들의 이번 상대팀은 과거 여러 차례 중요한 길목에서 만나 유독 약한 모습을 보였던 뉴캐슬이었다. 그리고 아스널은 또 다시 그들에게 발목을 잡히며 0-1 패배를 당했다. 반면에 뉴캐슬은 이 대회 우승으로 2년 연속

FA컵 우승을 차지하는 기염을 토했다. 그들에게는 5번째 FA컵 우승이었다.

이어진 1952/1953시즌, 아스널은 당시 시점에서 잉글랜드 축구 역사상 가장 근소한 차이로 리그 우승을 거머쥐었다. 그들의 우승 경쟁 팀은 프레스턴. 양 팀은 리그 마지막 한 경기를 남겨 두고 똑같이 20승 12무 9패를 기록 중이었다. 먼저 리그 최종전을 치른 프레스턴은 더비를 꺾고 승점 2점을 챙긴 반면, 아스널은 번리와의 마지막 경기에서 가장 믿음직한 선수인 머서가 자책골을 기록하면서 0-1로 끌려 가기 시작했다. 비겨도 우승이 좌절되는 긴박한 상황에 오히려 선제골을 내준 것. 그러나 휘태커 감독의 아스널은 그 후로 놀라운 집념으로 3-2 역전승을 이끌어 내며 승점 54점으로 프레스턴과 동률을 이뤘다.

승점 54점, 승·무·패도 21승 12무 9패로 모두 같은 두 팀 중 우승 팀을 가른 것은 양 팀의 골 평균(득점/실점) 차이였다. 97골 64실점을 기록한 아스널의 골 평균은 1.516, 85골 60실점을 기록한 프레스턴의 골 평균은 1.417이었다. 결국 아스널은 골 평균 0.099라는 극소한 차이로 우승을 거뒀다. 아스널로서는 7번째 리그 우승을 차지하는 순간이자, 프레스턴에게는 1890년 이후 약 60년 만의 리그 우승이 불발되는 순간이었다.

33 | 1954~1956년, 스탠리 매튜스의 영입 시도와
첼시·맨유의 비상

1954년, 아스널은 블랙풀의 1953년 ('매튜스의 결승전'이라는 애칭으로 불리는 결

^{승전 경기 끝에 얻어 낸)}FA컵 우승의 주역이었고, 당시 잉글랜드 최고의 축구선수이자 1956년에 초대 발롱도르 수상자가 되는 스탠리 매튜스의 영입을 시도했다. 아스널의 경쟁력을 더욱 끌어올리기 위한 휘태커 감독의 구상이었다. 그러나 매튜스는 아스널의 제안을 정중히 거절하고 블랙풀과의 의리를 지켰다. 매튜스는 그런 제안이 왔었다는 사실 자체도 훗날 자신의 자서전에서야 공개했다.

아스널이 1953년 리그 우승을 차지한 전후로, 잉글랜드 축구계에서는 허버트 채프먼 이후 최고의 명장 맷 버즈비 감독이 맨유를 이끌고 본격적으로 우승 트로피 수집에 나서고 있었다. 2차 세계대전 종료 후 맨유 지휘봉을 잡은 버즈비 감독은 1951/1952시즌 우승을 시작으로 1955/1956, 1956/1957시즌에는 2연속 우승을 차지했다.

버즈비 감독이 이끄는 동안 맨유는 1950년대에 가장 많은 리그 우승(3회)을 차지한 팀이 되었다. 1958년 뮌헨 참사로 선수단 운영에 엄청난 타격을 입은 1950년대 후반 맨유의 상황을 감안하면 이것은 엄청난 성과였다.

비슷한 시기에 잉글랜드 축구계에서 무시할 수 없는 존재로 성장한 또 다른 클럽이 하나 있었다. 1905년에 창단한 후로 정확히 창단 50년이 되던 1955년에 사상 첫 리그 우승을 차지했던 첼시가 바로 그 주인공이었다. 그 첼시에 첫 번째 우승을 안겨 준 인물이 다름 아닌 1930년대 아스널의 레전드 공격수 테드 드레이크 감독이었다. 묘하게도 첼시는 다시 50년이 지난 2005년에 두 번째 리그 우승을 차지하였다.

휘태커 감독은 1953년의 우승 이후 아스널을 이끄는 동안 다시는 리그 우승컵을 들지 못했다. 그 결과만 놓고 볼 때 확실히 1930년대 채프먼 감독이나 앨리슨 감독에 비해서는 미약해 보일 수도 있을 것이다. 그러나 아스널에 대항마가 거의 없다시피 했던 1930년대에 비하면 1950년대 축구계의 상황은 아주 많이 달랐다. 그런 점을 감안해 본다면, 휘태커 감독이 아스널에서 거둔 성적은 어쩌면 과소평가되고 있다고 할 수도 있을 것이다.

34 | 1956~1959년
톰 휘태커 감독의 죽음과 함께 닥친 무관의 시절

1930년대에 이미 채프먼 감독의 갑작스러운 죽음으로 충격을 받았던 아스널 팬들에게 또 한 번의 비보가 날아들었다. 2차 세계대전 직후 중하위권까지 추락했던 아스널을 이끌고 2번의 리그 우승과 1번의 FA컵 우승을 차지하며 좋은 지도력을 보여 줬던 휘태커 감독마저 1956년에 심장 마비로 세상을 떠나 버린 것이었다. 향년 58세, 비교적 젊은 나이였다.

휘태커의 사망은 더 넓은 차원에서 보면 채프먼 감독의 유산이 완전히 아스널에서 그 명맥을 다했음을 의미했다. 채프먼의 후임자인 앨리슨 감독 역시 채프먼 감독 시절부터 이미 아스널과 관계가 있던 사람이었고, 채프먼 감독의 코치였던 휘태커는 더 말할 나위 없었다. 그렇게 채프먼 감독의 유산이 모두 사라지면서 아스널은 1970년대 새로운 세대가 등장할 때까지 긴 무관의 세월에 돌입하게 되었다.

휘태커 감독이 세상을 떠난 지 2년 후인 1958년 2월, 하이버리에서는 아스널과 맨유 두 구단 사이에 서로 잊지 못할 특별한 경기가 펼쳐졌다. 경기 자체의 내용도, 그리고 그 경기가 갖는 상징적인 의미에서도 그랬다. 버즈비 감독이 이끄는 맨유 선수단, '버즈비의 아이들'이 뮌헨 참사를 당하기 전 마지막으로 잉글랜드 팀을 상대한 경기였던 것이다.

이 경기에서 '미래의 잉글랜드 주장감'이라는 평가를 받았던 맨유 최고의 기대주 던컨 에드워즈가 그의 인생에서 마지막 골이 될 선제골을 터뜨렸고, 그 후로 양 팀은 지금까지도 회자될 정도로 멋진 명승부를 펼쳤다. 5-4로 승리를 거둔 팀은 맨유였다.

휘태커 이후 아스널의 감독직은 잭 크레이스턴, 조지 스윈든에게 돌아갔다. 두 사람은 모두 선수 시절 아스널에서 많은 사랑을 받았었고, 특히 스윈든은 아스널에서 약 20년 가까이 뛴 골키퍼 출신 감독이었다. 그러나 두 사람은 모두 아스널에서 지도자로서는 좋은 모습을 보여 주지 못했다. 아스널은 리그 3위를 기록한 1958/1959시즌을 제외하고는 나머지 시즌을 모두 10위 이하의 결과로 마감했다.

35 | 1960~1962년, 토트넘의 더블과
잉글랜드 레전드 라이트 감독의 취임

잉글랜드 대표팀에서 최초로 100경기 넘게 출전한 최고의 레전드. 다정한 사람. 그러나 감독에는 어울리지 않았던 사람. —아스널에서 2003년 제작한 공식 다큐멘터리 중 아스널이 휘태커 감독의 사망과 동시에 긴 침체기로 접어들기 시작했던 바로 그 1958년, 같은 북런던을 연고로 하는 토트넘은 거꾸로 팀 역사상 최고의 전성기를 향해 달려가기 시작했다. 토트넘에서 1930~50년대 선수로 활약했던 빌 니콜슨이 1958년에 감독으로 부임하면서 본격적으로 팀을 이끌기 시작한 것이었다. 토트넘 역사상 최고의 명장으로 꼽히는 니콜슨 감독은 부임 2년 만에 리그와 FA컵에서 모두 우승을 차지하면서 더블을 달성했고, FA컵에서는 바로 다음해 대회까지 2년 연속 우승하는 쾌거를 올렸다.

아스널의 선수 출신 감독들이 신통치 않은 성적을 보여 주고 있던 와중에 지역 라이벌 팀 토트넘이 무서운 기세로 치고 올라오는 것을 보면서, 아스널은 오랫동안 이어져 왔던 아스널 출신 선수 및 스태프를 감독으로 기용하는 노선을 탈피하여 과감한 시도를 하고 나섰다. 1950년대 울버햄튼의 최전성기에 핵심 선수였고, 세계 최초로 국가대표팀에서 100경기 이상 출전했던 기록의 보유자인 동시에 오랫동안 잉글랜드 대표팀 주장으로 활약했던 빌리 라이트를 감독으로 임명한 것이었다. 빌리 라이트는 소년 시절부터 열렬한 아스널의 팬이기도 했다.

빌리 라이트는 1950년대 잉글랜드 최고의 스타 중 하나였다. 그런 의미에서 그를 영입한 것은 그 자체로 새 시대를 열고자 하는 아스널의 큰 야심을 보여 주었다. 그러나 그를 선택한 것은 동시에 아주 큰 모험이기도 했는데, 그가 선수로서는 분명 최고였지만 아스널 감독이 되기 전에는 한 번도 성인 팀을 이끌어 본 적이 없었기 때문이다.

부임 첫 시즌에 뛰어난 공격수 조 베이커를 영입한 라이트 감독은

빌리 라이트

두 시즌 동안 아스널을 각각 7위, 8위로 이끌며 괜찮은 출발을 하는 것 같았다. 그러나 이후 라이트 감독의 아스널은 다시 리그 13위, 14위로 처졌고, 팀 내부적으로도 결속이 되지 못하는 모습을 계속 보여 주었다. 결국 라이트는 1966년에 아스널에서 경질되고 말았다.

라이트 감독은 경질이 결정된 후에 언론과의 인터뷰에서 다음과 같이 말했다.

나에겐 정말 가슴 아픈 소식이다. 어쩌면 내가 너무 강단 없이 무르게 선수들을 대했는지도 모른다. 그러나 그것이 나의 스타일이다. 나는 아스널을 다시 위대한 클럽으로 만들고 싶었고 내가 키우고 있는 어린 선수들이 그렇게 할 수 있을 것이라고 믿었다.

그의 말 중 일부는 현실이 되었다. 라이트 감독 본인은 아스널에서 성공을 거두지 못했지만, 그는 1970년대 아스널이 재기하는 데 간접적으로 큰 기여를 했다. 돈 하우, 테리 닐은 이후 아스널 선수는 물론 감독이 되었으며, 프랭크 맥린토크는 1970년대 초반 아스널의 주장으로 활약하며 팀의 더블 달성에 큰 기여를 했다. 그 외에도 1970년대 아스널에서 레전드로 자리잡게 되는 많은 선수들이 라이트가 직접 영입했거나 발굴한 선수들이었다.

빌리 라이트가 다음 세대 성공의 기반을 닦은 1965년 아스널 라인업

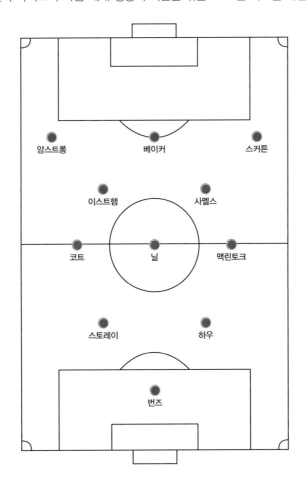

1966~1983년
물리 치료사 감독과
1970년대의 영웅들

—

1966년, 아스널은 팀의 물리 치료사였던 버티 미를 새 감독에 임명하며 잉글랜드 축구계를 놀라게 한다. 그러나 그들의 선택은 대성공으로 귀결되고, 아스널은 1970/1971시즌 토트넘의 화이트하트레인에서 리그 우승을 차지한 데 이어 FA컵 우승까지 차지하며 구단 역사상 최초의 더블을 달성한다. 비록 그 기세를 오래 이어 가지는 못했으나, 1970년대 아스널에서는 오늘날까지 큰 사랑을 받는 리암 브래디, 찰리 조지, 팻 라이스 등의 레전드들이 하이버리 스타디움을 수놓는다.

누구보다 아스널전문가가 되고싶다

물리 치료사 감독과
1970년대의 영웅들
1966~1983년

36 | 1966년, 물리 치료사 출신
버티 미, 감독에 취임하다

1962년부터 4년간 아스널을 이끌었던 감독 빌리 라이트는 아스널의 역사를 거쳐 간 모든 감독 중에 가장 화려한 선수 생활을 보낸 인물이었다. 반대로, 그의 뒤를 이어 아스널의 지휘봉을 잡은 감독은 아스널뿐 아니라 축구 역사 전체를 살펴봐도 축구팀의 감독이 되기에는 가장 놀라운 경력을 가지고 있었다.

1966년, 아스널은 팀의 물리 치료사였던 버티 미를 새 감독에 임명한다고 발표했다. 지금도 아스널 홈페이지에 공개되어 있는 역사 자료

버티 미

영상들을 보면 하얀 가운을 입고 선수들의 근육을 풀어 주고 있는 버티 미의 물리 치료사 시절 모습을 볼 수 있다. 선수들의 입장에서는 그들과 가장 가까이에서 일했던 스태프 중 한 명이 어느 날 갑자기 자신들을 이끄는 감독이 된 것이다.

　이 대담한 결정에 놀란 것은 아스널 선수단이나 팬들뿐 아니라 버티 미 본인 역시 마찬가지였다. 그는 자신의 지휘가 효과를 보지 못할 경우 다시 그에게 팀의 물리 치료사 직책을 돌려주는 것을 조건으로 감독직 제안을 받아들였다. 미는 2차세계 대전 이전에 짧게 선수 생활을 한 경력은 있었지만, 그 이후로는 20여 년간 다양한 클럽에서 물리 치료사로 일했던 사람이었다.

버티 미 감독의 부임과 함께 아스널 역사에서 아주 독특했고, 짧지만 강렬했고, 현재까지도 사랑받는 천재적인 플레이어들과 충성스러운 원클럽맨들이 탄생했던 1960년대 말, 1970년대가 그렇게 막을 올렸다.

37 | 1966년, 두 명의 명코치와 'Class of 1966'

물리 치료사 출신의 버티 미 감독이 어떻게 아스널을 다시 성공 가도로 끌어올렸는지 살펴보려면, 자신의 부족한 면을 채워 줄 수 있는 두 명의 명코치를 영입했음을 먼저 언급해야 한다. 한 명은 1966년까지 아스널에서 선수 생활을 했고 이후로 아스널과 오랜 인연을 이어 간 끝에 감독이 되기도 하는 돈 하우 코치였고, 또 다른 한 명은 이후 첼시와 맨유에서 감독으로 활약하게 되는 데이브 섹스톤 코치였다.

하우와 섹스톤은 각각 자신만의 트레이드마크와 같은 장점이 있었는데, 하우 코치는 팀 내 규율을 유지하는 데 대단히 높은 수완을 가진 코치였고, 섹스톤 코치는 탁월한 전술가였다. 특히 섹스톤은 아스널에서 코치 생활을 한 후 첼시 감독으로 부임해서 첼시에 구단 역사상 첫 FA컵 우승과 첫 유럽 대회(컵위너스컵) 우승을 안기는 주역이 된다.

정확하게 말하면 두 사람이 동등한 위치에서 버티 미 감독을 보좌한 것은 아니었다. 처음 미 감독의 수석 코치 역할을 한 것은 섹스톤 코치였고, 하우 코치의 경우 리저브 팀 코치를 맡았다가 섹스톤이 첼시로 떠난 후 그 자리를 대신하게 된 것이었다. 두 사람의 역할은 각각 달랐고, 일한 기간이 정확하게 겹친 것도 아니었다. 하지만 각자의 분야에 전문성을 갖고 있던 두 인물을 부임 직후 코치로 임명하고, 자신의 강점이었던 선수단 관리, 선수들과의 신뢰 관계 등을 바탕으로 섬세한 부분까지 챙기며 팀을 이끌어 나간 미 감독의 리더십이 발휘되면서 아스널은 전임 세 감독이 이끌던 시절의 리더십 문제를 단번에 해결하였다.

버티 미 감독이 잘한 부분이자 어떤 면에서 행운이기도 했던 부분은, 그가 전임자인 빌리 라이트 감독이 육성했던 뛰어난 유소년 선수들을 물려받았고 또 잘 활용했다는 점이었다. 아스널은 1966년 FA 유스컵에서 우승을 차지했는데, 그 시기 아스널 유소년 팀에서 활약하다가 버티 미 감독 시절 1군 팀에 데뷔한 주축 선수들 중에는 1970년대 아스널의 아이콘이었던 찰리 조지를 비롯해 존 래드포드, 피터 심슨, 레이 케네디 등이 있었다.

38 | 1966~1969년
두 번의 리그컵 결승과 두 번의 준우승

버티 미 감독 부임 직후 아스널은 리그를 7위로 마감하고 FA컵에서 5라운드까지 진출하는 등, 빌리 라이트 감독의 마지막 시즌(14위, 3라운드)보다 한결 나아진 모습을 보이기 시작했다. 이 기간 버티 미 감독은 팀의 새 공격수로 첼시에서 활약했던 조지 그레엄을 영입했는데, 그는 뒤이은 두 시즌 동안 팀 내 최다 골을 기록하며 좋은 모습을 보였다. 물론, 이 그레엄은 1980년대와 90년대 초 아스널의 '철의 포백'을 완성하며 좋은 성적을 거뒀던 바로 그 감독 조지 그레엄이다.

이 기간 중 아스널 성적에서 가장 고무적이었던 부분은, 버티 미 감독 부임 후 두 번째 시즌이었던 1967/1968시즌부터 3년 연속으로 컵대회 결승전에 진출했다는 것이었다. 그 중 두 번은 리그컵 결승이었다.

1967/1968시즌 리그컵 결승은 아스널이 16년 만에 처음으로 진출한 결승전이었다. 많은 사람들은 아스널이 16년간의 무관 행진을 끝내고 우승컵을 들어 올리길 기대했다. 아스널은 코벤트리, 레딩, 블랙번, 번리, 허더스필드를 꺾고 결승전에 진출했고, 그들의 결승전 상대는 그때까지 우승 경험이 없던 리즈 유나이티드였다.

많은 사람들의 예상대로 아스널은 전반전 초반부터 우세한 경기를 펼치기 시작했으나, 코너킥 상황에서 리즈에 선제골을 내준 후 동점골을 터뜨리는 데 실패하며 준우승에 그치고 말았다. 리즈는 그로부터 몇 년 후인 1970년대 리그 내 최강자 중 하나로 거듭나게 된다.

1년 후, 아스널은 또 한 번 리그컵 결승전에 올랐다. 결승전 직전에는 1960년대 최고의 전성기를 보내고 있던 토트넘과 격돌하였다. 당시 토트넘에는 클럽 역대 최다 득점자인 지미 그리브스가 활약하고 있었지만, 아스널은 그런 토트넘을 상대로 합산 스코어 2-1로 승리를 이끌어내며 결승전에 대한 기대를 더욱 끌어올렸다.

이번 결승전에서 그들의 상대는 스윈든 타운, 당시 3부 리그 소속 클럽이었다. 대부분의 팬들은 준결승에서 그리브스의 토트넘을 꺾고 올라온 아스널이 3부 리그 클럽을 상대로 손쉽게 승리하리라고 예상했다.

1969년 리그컵 결승전, 아스널과 스윈든 타운의 대접전이 펼쳐졌다

그러나 1년 전과 마찬가지로 아스널은 스윈든 타운에 선제골을 내주고 경기 내내 끌려 가다가 후반 40분에 보비 굴드의 골로 간신히 1-1 동점을 이뤘다. 그러나 이어진 연장전에서 상대의 교체 선수였던 돈 로저스에게 두 골을 내리 내주며 믿기 힘든 1-3 패배를 당했다. 당시 3부 리그 스윈든 타운이 1부 리그의 아스널을 꺾고 우승을 차지했던 일은 지금까지도 잉글랜드 축구 역사에 손꼽히는 '약자의 반란' 중 하나로 남아 있다.

아스널의 첫 유럽 대회 우승

2년 연속 결승전에서 자신보다 약체라고 여겨졌던 팀에 패하며 실망스러운 결과를 냈던 아스널은 다음 시즌, 클럽 역사상 최초의 유럽 대회 우승을 거두며 그 아쉬움을 달랬다. 1955년부터 1971년까지 유럽에서 펼쳐졌던 인터시티스 페어스컵(Inter Cities Fairs Cup, 줄여서 '페어스컵')에서 우승을 차지한 것이다.

이 대회에서 아스널은 글렌토란, 스포르팅 리스본, 루엔, 디나모 바카우, 그리고 아약스를 꺾고 결승에 진출했다. 결승전의 상대는 인터 밀란을 꺾고 결승전에 올라온 안더레흐트. 이 대회는 결승전을 1, 2차전으로 나눠서 각 팀의 홈구장에서 한 경기씩 치렀는데, 아스널은 브뤼셀에서 펼쳐진 1차전에서 1-3 패배를 당하고 말았다.

지난 두 시즌의 리그컵 결승과는 반대로, 2차전을 앞두고 아스널의 우승을 점치는 사람은 거의 없었다. 아스널이 우승을 하기 위해서는 3골차이의 승리가 필요했지만, 그때까지 유럽 대륙 대항전 결승전에서 3골차이가 뒤집힌 경기는 단 한 번도 없었기 때문이다. 전반전 25분 만에 에디 켈리가 골을 터뜨려 아스널이 한 골을 따라잡은 뒤에도, 아스널의 승리를 위해서는 여전히 두 골이 더 필요했다.

이 어려운 상황에서 아스널은 후반 30분과 31분에 번개처럼 연이어 터진 두 골로, 극적인 역전승이자 클럽 역사상 최초의 유럽 대회 우승을 차지했다. 두 골의 주인공은 존 래드포드와 존 사무엘스. 두 선수는 모두 버티 미의 전임자였던 빌리 라이트 감독 시절 아스널 유소년 팀에서 축

페어스컵 트로피를 들어 올리며 환호하는 프랭크 맥린토크

구를 시작해 1군에서 활약하게 된 선수들이었다.

두 차례에 걸쳐 진행된 결승전에서 직접 공격 포인트를 올리지는 않
았으나 아스널의 우승에 크게 기여한 또 다른 선수가 있었다. 바로 아스
널의 주장 프랭크 맥린토크다. 당시 아스널의 주전 골키퍼이자 아스널
레전드인 밥 윌슨은 영국 언론과의 인터뷰에서 다음과 같이 말했다.

맥린토크는 처음 브뤼셀에서 안더레흐트에 1-3으로 패한 후 누구
보다도 크게 실망했다. 그는 결승전에만 나가면 지는 징크스가 있었

고 자신의 그런 징크스에 대해 한탄을 하고 있었다. 그러나 경기가 끝나고 모두가 실망하고 있던 때 그는 목욕을 하다가 갑자기 벌떡 일어나서 "우리가 2차전에서 이길 거야!"라며 외쳤다. 그의 그런 모습에 모든 선수들이 기운을 되찾았고 기죽지 않은 채로 런던으로 돌아왔다. 우리의 2차전 승리는 그 순간에 시작된 것이나 다름없었다.

40 | 1970/1971시즌, 화이트하트레인에서 결정지은
18년 만의 리그 우승

과거에나 지금에나 대부분의 축구 클럽들에게 있어 최우선순위는 리그 성적이다. 아스널이 처음으로 유럽 대륙 대회에서 우승을 차지했던 1969/1970시즌 아스널의 성적은 리그 12위였다. 세 시즌 연속 컵대회 결승전까지 진출했던 아스널이었지만, 그들에겐 리그에서의 성적을 바로잡을 필요가 있었다.

바로 그런 상황에서 아스널은 1970/1971시즌, 18년 만의 리그 우승에 더해 FA컵 우승까지 차지하는 '더블'의 영광을 누렸다. 그 두 대회에서의 우승은 오늘날까지도 아스널 팬들에게 회자될 정도로 극적이었다.

이 시즌 아스널의 가장 강력한 우승 경쟁자는 3시즌 전 아스널을 리그컵 결승전에서 꺾었던 리즈 유나이티드였다. 리즈는 클럽 역사상 최고의 명장인 돈 레비 감독의 지휘 아래 1968년 (아스널을 상대로 거둔)리그컵 우승을 기점으로 같은 해 페어스컵 우승, 이어진 1968/1969시즌 첫 1부리그 우승, 1971년에 다시 페어스컵 우승을 차지하며 급속도로 잉글랜드 축구계의 최강자로 떠오르고 있었다. 맷 버즈비 감독의 맨유 체제가 해체된 1960년대 말부터 리버풀의 독주가 시작되기 전인 1970년대 초까지 리즈는 분명 잉글랜드 최강의 클럽으로 첫 손에 꼽혔다.

그런 리즈 유나이티드와 아스널은 1970/1971시즌 중반부터 막판까지 치열한 우승 경쟁을 벌였다. 아스널이 마지막 한 경기를 남겨 두고 승점 63점을 기록 중인 상황에서 리즈는 이미 마지막 경기를 이기며 승점 64점으로 시즌을 마쳤다. 두 팀의 승점, 골 평균 등을 모두 감안할 때 아스널이 우승을 차지하기 위해서는 두 가지 경우가 필요했다. 마지막 경기에서 이기거나, 혹은 실점 없이 0-0으로 비기거나. 그 외의 경우에는 리즈가 우승을 차지하는 상황이었다.

운명의 장난처럼, 아스널의 우승을 결정지을 마지막 상대는 명장 빌 니콜슨 감독이 이끄는 토트넘이었다. 경기장은 아스널이 아닌 토트넘의 홈구장 화이트하트레인. 두 팀의 맞대결은 1920년대 이후로 항상 격렬하며 어려웠고, 이 시즌의 토트넘은 아스널, 리즈에 이어 리그를 3위로 마칠 정도로 좋은 모습을 보여 주고 있었다. 1960년에 토트넘을 이끌고 더블을 기록했던 빌 니콜슨 감독은 양 팀의 맞대결을 앞두고 다음과 같이 말했다.

우리는 우리가 차지한 더블을 아주 자랑스럽게 여기고 있다. 다른 클럽이 다시 더블을 달성하기 위해선 엄청난 노력이 필요할 것이다. 그리고 우리는 그 팀이 아스널이 아니길 바란다. 나는 내 선수들에게 나가서 이기고 돌아오라고 말할 것이다.

1970/1971시즌 토트넘과의 리그 최종전,
아스널의 역사적 우승을 확정 짓는 골이 들어가고 있다.

경기는 시작 전부터 우승을 바라는 아스널 팬들과 아스널의 우승을
저지하고 싶은 토트넘 팬들의 충돌로 시끄러웠다. 아스널 선수단이 탄
버스는 평소에 20분이면 도착하는 거리를 1시간이 넘게 걸려서야 도착
할 수 있었다.

그렇게 시작된 운명의 결승전, 양 팀은 치열한 공방을 주고받았지만
모두 득점을 올리지 못하고 있었다. 상황이 바뀐 것은 후반 43분. 레이
케네디의 헤딩 슈팅이 토트넘의 명수문장 팻 제닝스(토트넘과 아스널 양 팀에서
레전드로 인정받는 골키퍼)가 지키는 골문을 뚫고 들어갔다. 아스널이 1-0으로
앞서기 시작한 것이다.

일반적인 상황이라면 선제골을 터뜨렸으니 기뻐하는 게 당연했겠지

만 골의 주인공 레이 케네디가 당시를 회고한 바에 의하면 그렇지 않았던 것 같다. 토트넘이 맹공세로 돌아서면서 만약 골을 터뜨려 1-1의 스코어가 된다면 리즈가 우승하게 되는, 역설적으로 골을 넣은 것이 오히려 화가 될 수도 있는 상황이 펼쳐졌기 때문이다. 레이 케네디는 당시 상황을 이렇게 기억했다.

> 내가 골을 넣은 후 경기 종료까지 남은 3분은 내 인생에서 가장 긴 3분이었다. 그들이 공격하기 위해 달려 나오는 것을 보면서 나는 차라리 내 슈팅이 들어가지 않았던 게 좋을 뻔했다고 생각했다!

그러나 케네디가 우려한 상황은 끝내 벌어지지 않았고, 경기 종료 휘슬과 함께 아스널 선수단은 화이트하트레인에서 18년 만의 리그 우승을 축하하며 즐겼다. 아스널 원정 팬들과 선수단이 뒤엉킨 축제의 현장에서 한 아스널 팬은 주장 맥린토크의 목에 우승을 놓친 리즈 유나이티드의 스카프를 둘러 주기도 했다.

41 | 1970/1971시즌
리버풀을 꺾고 차지한 첫 '더블'

화이트하트레인에서 펼쳐졌던 1970/1971시즌 리그 마지막 경기는 그 상황상 마치 토너먼트 결승전과도 같았다. 그 경기에서 승리한 아스널은 불과 5일 후에 다시 FA컵 결승전을 치르게 되었다. 결승전의 상대는 리버풀, 그들을 이끈 감독은 리버풀 팬들이 가장 사랑하는 명장 빌 샹클리였다.

아스널은 그 FA컵에서 여빌 타운, 포츠머스, 맨시티, 레스터 시티, 스토크 시티를 꺾고 결승전에 진출했다. 그리고 리버풀은 준결승전에서 에버튼과의 머지사이드 더비를 2-1로 꺾고 결승에 올라왔다.

버티 미의 아스널과 빌 샹클리의 리버풀 간 대결이 펼쳐지기 하루 전날, 아스널 선수들이 몸을 풀고 있던 웸블리 구장에 리버풀의 빌 샹클리 감독이 나타났다. 아스널의 역사를 담은 책 『아스널 오피셜 일러스트레이티드 히스토리(Arsenal Official Illustrated history)』에서는 당시의 상황을 다음과 같이 소개하고 있다.

> 아스널 선수들이 몸을 풀고 있는 사이 경기장을 둘러보던 샹클리는 아스널 골키퍼 밥 윌슨에게 다가가 '밥, 내일은 골키퍼들에게 재앙 같은 날이 될 거야'라고 말하고는 유유히 돌아갔다.

샹클리의 말은 어긋나는 것처럼 보였다. 다음 날 이어진 결승전에서 양 팀은 90분 동안 골을 터뜨리지 못하며 0-0으로 연장전을 맞이했다. 그리고 연장전 시작과 함께 리버풀의 스티브 하이웨이가 선제골을 터뜨리며 기선을 제압했다. 이 경기에서도 지면 웸블리에서 열린 각종 대회 결승전에서 5전 5패를 기록하게 될 위험에 빠진 아스널 주장 맥린토크가 선수들을 독려하기 시작했고, 결국 연장 전반이 끝나기 전에 에디 켈리가 동점골을 터뜨렸다.

1970/1971시즌 FA컵 결승전 아스널 라인업

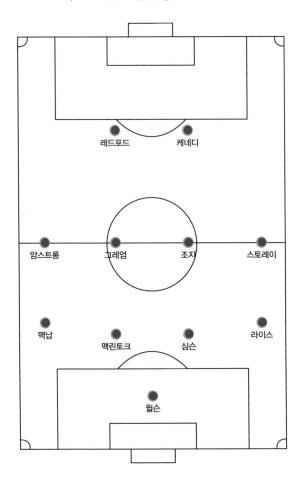

밥 윌슨

조지 암스트롱.
아스널에서 16년간 621경기에 뛰었다.

연장 후반에 돌입하고 양 팀 선수들의 체력이 고갈될 쯤, 현재까지
도 아스널 팬들이 가장 사랑하는 레전드 중 한 사람의 발끝에서 천재적
인 골이 터졌다. 찰리 조지가 25미터 거리에서 시도한 호쾌한 중거리 슈
팅이 그대로 리버풀 골망을 가른 것이다.

그는 자신의 슈팅이 들어가는 것을 확인한 직후에 센터서클 쪽으
로 달려가는 듯하다가 웸블리의 피치 위에 드러누우며 두 팔을 크게 벌
렸다. 이 세리머니는 이후 영화에서도 축구를 좋아하는 팬들이 따라 하

는 모습이 등장했고(영화 〈피버 피치〉), 현재까지도 FA컵을 상징하는 가장 대표적인 골 세리머니로 기억되고 있다.

결국 버티 미 감독이 지휘하고, 주장 맥린토크와 골키퍼 밥 윌슨이 버티며, '천재' 찰리 조지, 조지 그레엄 등이 공격을 이끈 아스널은 1970/1971시즌 대망의 더블을 차지하면서 1960/1961시즌 토트넘에 이어 20세기 잉글랜드 축구계에서 두 번째로 더블을 달성한 팀이 되었다. 토트넘의 빌 니콜슨 감독이 "다음 더블을 달성하는 팀이 아스널은 아니길 바란다"고 말한 지 불과 일주일 만의 일이었다.

더블을 확정 지은 후 FA컵 트로피를 들어 올리고 있는 주장 맥린토크와 당시 신문 기사

42 │ 아스널 레전드
찰리 조지

맨유에 조지 베스트가 있었다면 아스널에는 찰리 조지가 있었다.

찰리 조지는 아스널에서 6시즌을 뛰면서 179경기 49골이라는, 어떻

찰리 조지

게 보면 공격수로서 아주 대단하다고는 하기 힘든 기록을 남겼음에도 불구하고, 2008년에 아스널이 전 세계의 팬들을 대상으로 한 레전드 투표에서 9위에 올랐다. 그가 아스널을 떠난 지 40년도 지난 후의 결과라는 것을 생각하면 찰리 조지가 얼마나 아스널 팬들에게 많은 사랑을 받은 선수였는지를 쉽게 가늠할 수 있다. 이 투표에서 1990년대 이전에 활약한 선수 중 10위권에 이름을 올린 것은 찰리 조지와 이후 소개할 리암 브래디, 팻 제닝스뿐이었다.

찰리 조지는 아스널 홈구장 인근 지역인 이슬링턴에서 태어나 어릴 때부터 아스널 팬이었으며, 아스널 유소년 팀에서 축구를 배운 후 1군에 데뷔한 아스널의 작품 그 자체였다. 그는 빌리 라이트와 버티 미 감독 시절 아스널 유스팀에서 1군으로 올라온 수많은 스타 선수들 중 가장 천재적인 재능을 지녔고, 화려한 플레이와 카리스마로 팬들을 사로잡는 독특한 선수였다.

훗날 책으로도 공전의 히트를 기록한 영화 〈피버 피치〉에서는 아스널 팬인 주인공이 어린 시절부터 찰리 조지의 응원가를 부르고 그의 세리머니를 따라 하는 모습을 볼 수 있다. 이는 그 소년에게만 해당되는 것이 아니라 그 시대 아스널 팬들에게서 매우 흔히 볼 수 있는 모습이었다.

19세의 나이에 아스널이 페어스컵 우승을 차지하는 데 결정적인 기여를 했던 조지는 이후 심각한 발목 부상으로 한동안 그라운드를 떠나야 했다. 돌아온 후에는 전방 공격수보다 공격형 미드필더 위치에서 뛰면서 특유의 창의적인 플레이로 아스널의 공격에 활기를 불어 넣었다. 그가 1971년 FA컵 결승전에서 리버풀을 상대로 기록한 결승골은 중요한 순간에 한 방을 터뜨려 주는 스타로서의 면모를 상징적으로 보여 주었다.

43 | 1971~1976년, 돈 하우 코치의 사임과 '더블' 팀의 해체

1970/1971시즌 '더블'의 영광을 쟁취한 아스널 선수단은 구단의 역사에서 아주 독특한 이미지로 기억되고 있다. 물리 치료사 출신 감독의 지휘 아래 찰리 조지, 맥린토크, 밥 윌슨 등 지금까지도 사랑받는 레전드들을 중심으로 리그와 FA컵을 모두 제패한 그들의 모습은 분명히 인상적이었지만, 아쉽게도 정상에서 빛난 기간은 아주 짧았다. 짧게 불타오르고 아쉽게 사라져 버려 훗날 더 많은 향수를 남기는 것처럼도 보이다

1970/1971시즌 두 대회에서 우승을 차지한 그들은 이어진

돈 하우

1971/1972시즌 다시 한 번 FA 컵 결승전에 진출했지만 리즈 유나이티드에 패하며 준우승에 그쳤고, 그 다음 시즌에는 리그에서 2위를 기록했다. 그리고 그 후로는 리그 10위, 16위, 17위를 기록하며 갑자기 추락하기 시작했다.

갑작스러운 추락의 발단이 된 것은 1971년 더블을 확정 지은 직후, 버티 미 감독 체제의 핵심적인 역할을 했던 돈 하우 코치가 그 지도력을 인정받아 웨스트 브롬 감독으로 부임하며 아스널을 떠난 것이었다.

앞서 설명한 대로 선수 경험이 대단히 짧고 물리 치료사로 일하던 중 감독이 된 버티 미 감독이 아스널에서 성공할 수 있었던 배경에는 데이브 섹스톤과 돈 하우라는 훌륭한 두 코치의 존재가 있었다. 특히 돈 하우 코치는 버티 미와 대부분의 성공을 함께 일궈 냈다. 그런 의미에서 하우 코치가 아스널을 떠난 것은 단순히 평범한 코치 한 명이 팀을 떠난 것 이상의 의미가 있었다.

1971/1972시즌 아스널은 당시 잉글랜드 최고의 스타 선수 중 한 명이었던 앨런 볼을 영입하면서 야심 차게 새 시즌을 시작했으나 8월에만 3패를 당하는 등 불안한 모습을 보였고, 전 시즌 리그 우승을 차지하면

서 처음 진출한 유러피언컵(현재의 챔피언스리그)에서는 요한 크루이프가 이끈 아약스에 패하며 8강에서 탈락하고 말았다. FA컵에서는 몇 시즌 전 리그컵 결승에서 만났던 리즈 유나이티드를 다시 만나 0-1로 패하며 무관으로 시즌을 마감했다.

이후로 더블의 주역들이 하나둘씩 떠나면서 버티 미 감독 체제는 완전히 무너져 버렸다. 주장 맥린토크, 레이 케네디, 찰리 조지 등이 모두 아스널을 떠나자 그들은 어느새 무색무취하고 성적도 신통치 않은 팀으로 전락하게 되었다. 남아 있는 마지막 수순은 감독이 팀을 떠나는 것뿐이었다.

그렇게 버티 미 감독의 체제가 끝나고, 토트넘의 감독으로 있던 아스널 선수 출신 테리 닐의 시대가 열리게 되었다.

44 | 1976년
'최연소' 테리 닐 감독의 부임과 리암 브래디의 등장

1960년대 아스널에서 중앙 수비수로 리그에서만 241경기를 뛴 테리 닐은 당시 잉글랜드에서 아주 촉망받는 젊은 감독이었다. 그는 28세의 나이에 헐 시티의 선수 겸 감독으로 부임하면서 축구계 최연소 감독이 되었고, 헐 시티에서 보여 준 좋은 모습으로 토트넘의 명장 빌 니콜슨 감독의 뒤를 이어 토트넘을 이끌게 되었다. 토트넘이 아스널 선수 출신 감독을 임명했다는 것만 봐도 그들이 닐의 지도력을 얼마나 높이 샀는지를 알 수 있다.

테리 닐

그러나 닐은 뼛속까지 '아스널맨'이었다. 버티 미 감독이 사임한 1976년, 아스널 이사진에서 그에게 감독직을 제의하자 그는 토트넘을 이끌던 도중 아스널에 부임하는 용단을 내렸다. 아스널 감독이 된 시점에 그의 나이는 34세. 이는 여전히 아스널 역사상 최연소 감독 기록으로 남아 있다.

토트넘 감독 경력을 가진 아스널 감독이라는 특이한 커리어와 젊은 감독 특유의 도전적인 성향을 갖고 있던 그는 재임 기간 중 토트넘 역사상 가장 위대한 레전드들을 아스널로 영입하려는 시도를 하였다. 그렇게 영입에 성공한 사례가 2008년 아스널의 역대 레전드 투표에서 10위를 기록한 팻 제닝스, 그리고 실패한 사례가 글렌 호들이었다. 글렌 호들은 2008년 포포투와의 인터뷰에서 그 사연을 직접 공개했다.

테리 닐 감독 시절 아스널이 내게 관심을 보여 왔다. 그러나 나는 차마 내가 아스널 유니폼을 입은 모습을 상상할 수 없었다. 만약 그랬다간 나는 우리 형이 내게 다시는 말도 걸지 않을 거라고 생각했다.

그 대신 글렌 호들은 훗날 아르센 벵거 감독이 이끄는 모나코로 이적하여 그와 인연을 쌓은 후 벵거가 아스널에 부임하는 데 도움을 주기도 했다.

비록 토트넘에서 예술적인 축구를 선보였던 미드필더 글렌 호들은 데려오지 못했지만, 테리 닐 감독의 아스널에서는 글렌 호들이 아쉽지 않은 또 다른 '예술가'가 등장하게 된다. 1970년대 초의 스타였던 찰리 조지 이상으로 아스널을 상징하는 존재였고, 아스널 팬들이 1990년대 이전의 모든 선수들 중 가장 사랑하는 레전드 리암 브래디가 그 주인공이었다. 리암 브래디는 이미 버티 미 감독 시절의 말미였던 1974/1975 시즌에도 1군 팀에서 활약했지만, 그가 본격적으로 자신의 재능을 꽃피우기 시작한 것은 테리 닐 감독 부임 이후부터였다.

이어진 1970년대 후반기의 아스널은 '리암 브래디의 아스널'이라고 불러도 큰 무리가 없었다.

45 | 1976~1980년, 3년 연속 FA컵 결승전
그리고 1번의 우승

명수문장 팻 제닝스의 영입과 리암 브래디의 기용 외에도 닐 감독은 뉴캐슬에서 맹활약하며 '슈퍼맥'이라는 별명으로 불렸던 공격수 말콤 맥도널드를 영입했고, 수비수 데이비드 오레어리에게도 기회를 주기 시작했다. 맥도널드는 아스널 입단 첫 시즌에 29골을 터뜨렸고, 오리어리는 이후 아스널 최다 출전 기록 보유자로 성장하게 된다.

테리 닐 감독이 부임하고 좋은 선수들의 영입과 젊은 선수들의 비약적인 성장이 어우러지면서 아스널은 점점 리그 상위권으로 복귀하기 시작했다. 버티 미 감독의 마지막 시즌에 리그 17위를 기록했던 아스널은 이후 차례로 8위, 5위, 7위, 4위를 기록했는데 그보다 더 인상적이었던 것은 그들이 1977/1978시즌부터 3시즌 연속으로 FA컵 결승에 진출했다는 것이었다. 3년 연속 결승전 진출만으로도 물론 대단한 성과였으나 아쉬운 것은 최종 결과였다.

세 번의 결승전 상대는 순서대로 입스위치 타운(0-1 패배), 맨유(3-2 승리), 웨스트햄(0-1 패배)이었다. 아스널 재임 시절 내내 닐 감독의 발목을 붙잡은 것은 상대적으로 약체라고 생각되는 팀과의 중요한 경기에서 패한 것이었는데, 이 세 번의 FA컵 결승전 결과만 봐도 그런 모습이 드러난다.

이 중 아스널이 맨유에 3-2로 승리를 거둔 1979년의 FA컵 결승전은 '5분 결승전'이라는 별명으로 현재까지도 기억되고 있다. 이날 맨유의 감독은 아스널에서 버티 미 감독 시절 첫 수석 코치 역할을 맡았던 데이브 섹스톤 감독이었다. 팻 라이스가 주장 완장을 차고 리암 브래디가 공격을 이끌었던 아스널은 전반전에만 두 골을 터뜨렸고, 후반 40분까지 그대로 리드를 지키며 우승을 차지하는 것처럼 보였다. 그러나 이후 2분 사이에 두 골을 내주며 연장전에 돌입할 상황에 놓이고 말았다. 경기의 분위기는 0-2로 뒤지던 상황에서 2-2까지 따라붙은 맨유 쪽으로 급격히 기울었다.

그러나 정규 시간 종료를 1분 남겨 둔 후반 44분, 맨유가 동점골을 터뜨린 지 다시 1분 만에 아스널의 앨런 선더랜드가 또 한 골을 터뜨리며 스코어를 3-2로 돌려 놓았다. 3번의 FA컵 결승전 중 유일하게 아스널에 우승 트로피를 안겨 준 선더랜드의 이 골을 어시스트한 선수는 다름아닌 리암 브래디였다.

섹스톤 감독은 이후 1981년에 결국 맨유에서 경질당했는데, 그의 맨유 재임 기간 중 메이저 대회 결승전에 진출했던 유일한 경기가 이 경기였다는 것을 감안하면 그에겐 아주 뼈아픈 패배이기도 했다.

46 | 1980년, 리암 브래디의 맹활약과
컵 위너스 컵 결승전

FA컵 결승전에 3년 연속 진출해 1979년에 우승을 차지한 아스널은 1980년 컵 위너스 컵 대회 결승전에도 진출하며 클럽 역사상 두 번째 유럽 대회 우승에 도전했다.

아스널은 결승전에 오르기까지 페네르바체, 마데부르크, 예테보리, 유벤투스를 꺾었다. 특히 유벤투스는 당시 이탈리아는 물론 유럽 전체에서 맹위를 떨치고 있었는데, 아스널이 유벤투스 원정에서 거둔 승리는 잉글랜드 클럽이 유벤투스 홈에서 기록한 첫 승리인 동시에 유벤투스가 홈에서 10년 만에 처음으로 당하는 유럽 대회 패배였다.

유벤투스와의 준결승전을 포함해서 토너먼트 기간 내내 아스널에서 가장 좋은 모습을 보여 준 선수는 단연 리암 브래디였다. 이 해의 컵 위너스 컵은 이미 그 무렵 잉글랜드에서 활약하는 최고의 미드필더로 자리 잡았던 브래디가 잉글랜드를 뛰어넘어 유럽에서도 통한다는 것을 생생하게 보여 주는 계기가 되었다.

아스널의 결승전 상대는 발렌시아였다. 양 팀은 전·후반, 연장전까지 아무도 골을 터뜨리지 못한 채로 결국 승부차기에 돌입했다.

발렌시아의 선축. 발렌시아의 1번 키커는 1978년 아르헨티나 월드컵에서 아르헨티나의 우승을 이끌면서 대회 최우수 선수로 선정되었던 마리오 켐페스였다. 발렌시아로서는 가장 믿을 수 있는 선수를 1번 키커로 내세운 것이다. 그러나 아스널의 팻 제닝스는 켐페스의 슈팅을 막아냈고, 그 순간 아스널이 승리에 다가서는 것처럼 보였다.

켐페스에 이어 걸어 나온 아스널의 1번 키커는 다름아닌 리암 브래디였다. 그러나 브래디가 찬 공 역시 운명의 장난처럼 발렌시아 골키퍼 페레이라의 선방에 막히고 말았다. 그 뒤로 양 팀에서 네 명의 키커들이 모두 골을 성공시킨 후 발렌시아의 여섯 번째 키커 아리아스까지 골을 넣었다. 하지만 아스널의 여섯 번째 키커였던 릭스의 킥이 페레이라의 손에 걸리면서 아스널은 유럽 정상에 오르기 직전에 무너지고 말았다.

그 경기는 1970년대 후반 아스널 최고의 스타였던 리암 브래디가 아스널 선수로서 가진 마지막 경기가 되었다. 컵 위너스 컵 준결승전에서 그의 활약을 눈여겨본 유벤투스가 그에게 대형 이적을 제안했고, 새로운 도전을 원했던 브래디가 이를 받아들여 아스널을 떠났던 것이다.

47 | 아스널 레전드
리암 브래디

리암 브래디는 기술, 시야, 밸런스, 힘, 강력한 슈팅, 상대를 제치는 능력 등 미드필더에게 필요한 모든 재능을 다 갖춘 선수였다. 그의 명석한 두뇌와 발 기술은 피치 위에서 완벽한 조화를 이루었다. —아스널 공식 홈페이지

'아스널 5-0 토트넘'

1978년 12월 23일, 하이버리가 아닌 토트넘의 홈구장 화이트하트레인에서 나온 경기 결과다. 지금까지도 아스널 팬들이 가장 자랑스럽게 기억하는 '북런던 더비' 경기로 첫 손에 꼽히는 그 대승의 주역은 이 시기 대부분의 경기에서 그랬듯 이번에도 리암 브래디였다.

특히 이 경기 중 브래디는 토트넘 진영에서 수비수들이 패스를 주고받는 사이에 날렵한 동작으로 볼을 뺏어 낸 후 페널티 박스 좌측면에서 왼발 중거리 슈팅으로 어떤 골키퍼도 막을 수 없는 아름다운 궤적의 골을 만들어 냈다. 그 경기의 해설자였던 BBC의 전설적인 중계자 존 모슨이 그때 남긴 코멘트는 지금까지도 매치 오브 더 데이 영상 등에 사용될 정도로 잉글랜드 축구사의 상징적인 한 장면으로 남아 있다. 아래 코멘트를 그대로 유튜브 검색창에 적으면 그 영상을 바로 볼 수 있으니, 아스널 팬들이라면 꼭 그 영상을 보길 권한다.

Look at that! Oh, Look at that!
저것 좀 보세요, 오 저것 좀 봐요!

1970년대 초 버티 미 감독의 아스널이 더블을 차지할 시기에 아스

리암 브래디

널 유소년 팀에서 성장한 브래디는 앞서 기술했듯 테리 닐 감독이 부임한 후 본격적으로 재능을 꽃피우기 시작했다. 아스널 구단이 선정한 올해의 선수에 세 차례 선정됐고, 아스널이 FA컵 우승을 차지한 1979년에는 선수들이 선정한 리그 올해의 선수로 뽑혔다. 아일랜드 출신의 브래디는 선수들이 선정한 올해의 선수가 된 최초의 외국인 선수가 되기도 했다.

이미 1979년 무렵에 리그 최고의 미드필더가 된 그에게 전 유럽에서 러브콜이 쏟아진 것은 필연적인 수순이었다. 결국 그는 유벤투스로 떠나 등번호 10번을 달고 뛰며 두 차례 세리에 A 우승을 차지하였다. 단, 그의 유벤투스 시절은 그의 기량을 생각하면 너무 짧은 두 시즌 만에 끝나고 말았는데, 미셸 플라티니가 유벤투스에 입단하면서 브래디가 팀을 떠나게 된 탓이었다.

브래디의 천재성과 기량을 생각했을 때 가장 아쉬운 것은, 역시 그의 마지막 아스널 경기에서 그의 마지막 슈팅이 승부차기 실축으로 귀결됐다는 것이었다. 브래디가 떠난 후 공격의 축을 잃은 테리 닐 감독의 아스널은 급격한 부진을 겪기 시작했고, 결국 3년 후 닐 감독 역시 아스널을 떠나게 된다.

브래디는 그 후로도 아스널과 좋은 인연을 이어 가다가 훗날에는 아스널의 유소년 팀을 총괄하는 역할을 맡게 된다.

48 | 아스널 레전드
팻 라이스

리암 브래디가 아스널을 떠난 1980년, 아스널에서 보낸 13년의 커리어를 조용히 마감한 또 한 명의 레전드가 있었다. 21세기의 축구팬들에겐 선수보다 아르센 벵거 감독의 옆을 오랫동안 지켰던 수석 코치로 더 익숙한 팻 라이스가 그 주인공이다. 점잖고 차분해 보이는 겉모습과는 달리 현역 시절 그는 투지 넘치면서도 안정적인 수비로 10년 이상 아스널의 주전 자리를 지킨 뛰어난 라이트백이었다.

라이스의 아스널 입단 과정은 다소 독특한데, 북아일랜드 출신의 그는 하이버리 스타디움 근처의 가게에서 일하게 된 것을 계기로 아스널의 연습생이 되었다가 이후에 10년 이상 1군 팀 주전으로 활약했다. 스포츠계에서 흔히 말하는 '연습생 신화'와도 같은 경우이다.

라이스는 1967년 1군 팀에 데뷔한 후로 1980년 팀을 떠날 때까지 총 528경기에 출전했다. 그가 얼마나 꾸준히 아스널에서 믿음을 받는 선

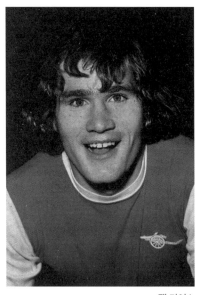

팻 라이스

수였는지 가장 잘 보여 주는 기록은 그가 버티 미 감독 시절 FA컵 결승전에 선발 출전하는 등 더블 달성의 주전 멤버였던 동시에, 1979년 테리 닐 감독의 FA컵 우승 당시에도 주장으로 선발 출전했다는 것이다. 10여 년의 세월을 거쳐 각기 다른 감독 아래서 메이저 대회 결승에 선발로 출전하는 선수의 예는 쉽게 찾기 힘들 것이다.

팻 라이스는 결코 화려한 선수는 아니었다. 그러나 아스널의 역사를 돌아볼 때 결코 언급하지 않을 수 없는 선수이다. 그의 충성심, 헌신적인 수비 등은 아스널 팬들의 마음에도 오래 남아서 그는 2008년 아스널 팬들이 선정한 가장 위대한 선수 투표에서 17위에 이름을 올리기도 했다.

49 1980~1983년, 리암 브래디의 이적과
닐 감독의 경질

리암 브래디가 유벤투스로 떠난 후에도 닐 감독은 한동안 안정적인 모습을 보여 주는 듯했다. 아스널은 그 후 두 시즌 동안 리그 3위, 4위를 기록했다. 1982/1983시즌에는 FA컵과 리그컵에서 모두 준결승전까지 진출하며 또 한 번 컵대회 우승을 노리는 듯했으나 두 대회에서 모두 맨유에 패해 결승 진출에 실패했다.

이어진 1983/1984시즌, 리암 브래디의 대체자를 구하지 못하고 리그와 컵대회에서 모두 어중간한 성적을 내던 닐 감독은 경질 압박을 받기에 이르렀다. 그러던 중 3부 리그 클럽 월설과의 리그컵 4라운드에서 패하면서 결국 아스널의 지휘봉을 내려놓게 되었다.

닐 감독의 후임 자리는, 버티 미 감독 시절 아스널에서 코치로서 맹활약했고 닐 감독 시절에 다시 아스널 코치로 복귀했던 돈 하우가 이어받았다. 아스널의 모든 관계자들은 누구보다 아스널을 잘 아는 하우 감독이 아스널을 다시 정상으로 이끌어 주길 기대했다.

아스널은 실제로 1980년대 후반 들어 다시 한 번 잉글랜드 정상에 올라서게 된다. 그러나 그 선장은 하우가 아닌 다른 인물이었다.

1983~1996년
조지 그레엄 시대와
컵 위너스 컵 우승

—

1970/1971시즌, 아스널의 더블 달성 당시 선수로 활약했던 조지 그레엄의 감독 부임으로 아스널은 다시 한 번 잉글랜드 리그의 중심에 올라선다. 1986/1987시즌 리그컵 우승을 시작으로 1988/1989시즌에는 잉글랜드 축구 역사상 가장 드라마틱한 역전 우승을 일궈 낸다. 조지 그레엄 감독과 아스널은 토니 아담스를 중심으로 한 철의 포백과 이안 라이트, 앨런 스미스 등의 공격진을 앞세워 1993/1994시즌 파르마를 꺾고 컵 위너스 컵 우승 트로피를 들어 올린다.

조지 그레엄 시대와
컵 위너스 컵 우승
1983~1996년

50 | 1983~1986년
돈 하우 감독의 부임과 두 시즌 만의 사임

돈은 아스널 역사에 50여 년에 걸쳐 아주 큰 영향을 미쳤던 사람이
었다. —아스널 공식 홈페이지, 돈 하우의 사망 소식을 알리며

1980년대, 아스널은 조지 그레엄의 지도 아래 잉글랜드 축구계에 커
다란 족적을 남겼다. 그러나 그레엄 감독 이전에 돈 하우 감독의 시기가
있었다. 아스널과 함께해 온 시간이나 영향력을 고려할 때 더 큰 기대를
받았던 인물은 돈 하우였지만, 그는 감독으로서 자신에게 걸린 기대치

를 충족시키지 못했다.

선수 시절 돈 하우가 아스널과 처음 인연을 맺은 것은 1964년, 빌리 라이트 감독 시절에 그가 웨스트 브롬을 떠나 아스널에 입단하면서였다. 그는 잉글랜드 대표팀에서도 활약한 뛰어난 풀백이었으나 1966년에 다리가 부러지는 부상을 당하면서 선수 생활을 정리해야 했다.

그 후로 그는 버티 미, 테리 닐 감독의 아래에서 아스널의 코치로 활약하면서 선수단의 규율을 유지하는 데 대단한 능력을 보여 주어, 당대 잉글랜드에서 가장 높이 평가받는 코치 중 한 명이 되었다. 그 사이에 웨스트 브롬의 감독직을 수락하며 아스널을 잠깐 떠나기도 했던 그이지만 그가 가장 큰 열정을 갖고 있던 팀은 의심할 여지 없이 아스널이었다.

그러나 때를 잘못 선택했는지, 아니면 뛰어난 코치라고 반드시 훌륭한 감독이 되지는 않는다는 말이 사실인지, 그가 아스널에서 감독으로 보낸 두 시즌은 성공과 거리가 멀었다. 그 두 시즌간 아스널은 리그에서 각각 6위, 7위를 기록했고 그가 이끄는 아스널은 즐겁지 않은 플레이를 한다는 비판까지 받기도 했다. 결국 아스널과 오랜 인연을 이어 왔던 그가 1986년 3월 아스널 지휘봉을 내려놓으면서 아스널에는 새로운 시대가 열리게 되었다.

그의 전임자인 많은 감독들이 그랬듯, 하우 감독 역시 그의 후임자인 조지 그레엄 감독 대에서 꽃을 피우는 많은 유망주들을 발굴해 냈다. 대표적인 선수들이 데이비드 로캐슬, 마틴 키언, 마이클 토마스, 니얼 퀸 등이다.

경질된 후에도 그와 아스널의 관계는 완전히 끝나지 않았다. 그는 그 후 윔블던, 잉글랜드 대표팀에서 코치로 활약하다가 1997년 아스널의 유소년 총괄자로 돌아와 다시 아스널을 위해 일했다.

51 | 1986년, 퍼거슨 감독에게 접근한 아스널과
조지 그레엄 감독의 부임

아스널에서 선수로, 코치로, 또 감독으로 활약했던 돈 하우가 물러난 1986년 3월, 영국 언론에서 가장 유력한 차기 아스널 감독 후보로 지목했던 인물은 당시 바르셀로나의 감독 테리 베너블스였다. 첼시 유소년 출신으로 1군 주전 생활을 했고 그 후로도 토트넘, QPR 등 아스널을 제외한 런던 팀을 두루 거친 그는 감독으로서도 재능을 인정받아 바르셀로나 감독을 맡고 있었다.

그러나 실제로 아스널이 하우 감독의 후임자를 찾으며 처음 접촉했던 인물은, 뜻밖에도 바로 그해 맨유의 감독직을 맡으며 이후 아르센 벵거 감독과 양강 체제를 구축하는 알렉스 퍼거슨이었다. 당시 퍼거슨 감독은 스코틀랜드 리그의 애버딘을 이끌고 리그 3회 우승, FA컵 4회 우승, 리그컵 1회 우승, 그리고 컵 위너스 컵과 UEFA 슈퍼컵 우승을 차지하며 본격적으로 재능을 발휘하고 있었다.

아스널이 퍼거슨을 영입하려 한 사실은 2011년, 그가 과거에 선수로 활약한 적 있었던 스코틀랜드의 레인저스 대 던디 유나이티드 간의 경기를 앞두고 발매된 프로그램에 퍼거슨이 직접 남긴 글을 통해서 공개됐다. 당시 프로그램에 게재된 주요 내용은 다음과 같다.

애버딘 시절의 알렉스 퍼거슨

나는 아스널로부터 감독직 제안을 받았고 당시 내 코치였던 월터 스미스를 함께 데려가고자 했다. 나는 그에게 실제로 나와 같이 갈 의사가 있는지 묻기도 했다. 그러나 아스널 측은 나에게 즉각적인 답변을 요청했지만, 나는 그 당시 스코틀랜드 대표팀을 이끌고 멕시코월드컵을 준비 중이었기 때문에 바로 확답을 줄 수가 없었다. 그렇게 아스널 감독직에 대한 이야기는 무산되었고, 그해 월터는 레인저스의 코치가 되었다. 그리고 나는 같은 해에 맨체스터 유나이티드의 감독이 되었다.

퍼거슨을 데려오려는 계획이 실패로 돌아간 뒤, 아스널의 이사진은 버티 미 감독의 아래에서 페어스컵 우승과 1970/1971시즌 더블을 차지할 당시 선수로 활약했던 조지 그레엄을 새 감독에 임명했다. 선수 시절 아스널뿐 아니라 첼시, 맨유에서도 뛴 바 있었던 조지 그레엄은 1982년 밀월에서 감독으로 데뷔한 후 3부 리그에 있던 팀을 1부 리그까지 끌어 올리며 능력을 인정받고 있었다.

그렇게 아스널의 감독이 된 조지 그레엄은 부임 직후부터 아스널의 전력을 단숨에 끌어올리며 1970/1971시즌 이후로 그 위용을 보여 주지 못하고 있던 팀에 다시 한 번 활력을 불어 넣기 시작했다. 그해는 아스널이 창단된 지 꼭 100주년이 되던 해였다.

52 | 1986/1987시즌
그레엄의 첫 시즌과 리그컵 우승

현대에 와서 아스널의 황금기를 연 것은 아르센 벵거였으나, 그 성공의 기반은 조지 그레엄이 다져 놓았다고 말하는 것이 옳을 것이다. —아스널 공식 홈페이지

-

나는 지금 이 팀에 있는 선수들과 함께라면 아스널에 다시 영광을 가져올 수 있다고 생각한다. 그러나 그렇게 되기 위해서는 모두가 아주 열심히 일해야 할 것이다. —조지 그레엄

아스널 팬들이나 구단 관계자들에게 이미 익숙한 존재였던 조지 그레엄 감독은 부임 직후부터 위와 같이 말하며 자신의 재임 기간 중 아스

널을 다시 정상으로 올려 놓겠다는 포부를 밝혔다. 그리고 그는 그 야심을 곧 현실로 만들어 냈다.

그의 첫 시즌이었던 1986/1987시즌, 그는 어떤 선수도 영입하지 않은 채 시즌을 치렀다. 그는 이에 대해 "기존에 아스널에 있던 선수들과 스태프들을 제대로 평가하기 전에는 새로운 영입을 하지 않을 것이다"라고 말했다. 실제로 그는 이미 아스널에 있던 선수들, 대표적으로 아스널 유소년 팀 출신 수비수인 토니 아담스와 이미 아스널에서 주전으로 활약하던 수비수 데이비드 오리어리 등을 적극 기용하며 리그 4위로 팀을 이끌었다. 1980/1981시즌 리그 3위를 기록한 후 6시즌 만의 4위권 진입이었다.

이후에 그가 처음으로 영입한 선수는 레스터에서 뛰던 공격수 앨런 스미스였는데, 스미스의 영입은 훗날 대성공으로 귀결이 났다. 스미스는 중요한 고비마다 골을 터뜨리며 그레엄의 눈이 정확했음을 증명했다.

그레엄 감독의 리더십이 더 빛난 것은 컵대회에서였다. 아스널은 1986/1987시즌 리그컵에서 차례로 허더스필드, 맨체스터 시티, 찰튼, 노팅엄 포레스트를 꺾고 준결승에 올라 북런던 더비의 상대인 토트넘과 맞대결을 벌였다.

1, 2차전으로 나눠서 치러진 준결승에서 아스널은 홈이었음에도 불구하고 토트넘에 0-1 패배를 당했다. 이후 화이트하트레인에서 펼쳐진 2차전에서도 선제골을 내주며 합산 스코어 0-2로 뒤진 채 전반전을 끝냈다. 그러나 하프 타임 도중, 이미 승리를 확신한 토트넘 장내 아나운서가 '결승전 티켓을 판매하겠다'고 말하는 소리를 듣고 분개한 아스널 선

수들은 그대로 후반전에 나서 2골을 기록해 2-2 무승부를 만들어 냈다. 이어진 재경기에서 아스널은 데이비드 로카슬과 이안 앨리슨의 골에 힘입어 토트넘을 꺾고 결승전에 진출했다.

아스널의 결승전 상대팀은 리버풀이었다. 그리고 당시 리버풀에는 현재까지도 리버풀 역대 최다 득점 기록을 보유하고 있는 최고의 공격수 이안 러시가 뛰고 있었다. 그 명성 그대로 러시는 전반 23분 만에 골을 터뜨렸다. 그 순간부터 경기를 지켜보는 모든 이들은 리버풀의 승리를 의심하지 않았다. 그때까지 리버풀은 이안 러시가 득점한 경기에서 단 한 차례도 패배한 적이 없었기 때문이다.

그러나 아스널은 그 후 7분 만에 터진 찰리 니콜라스의 골로 따라붙은 후 후반전까지 팽팽한 승부를 펼치다가 후반 38분에 니콜라스가 다시 한 골을 넣으며 경기를 뒤집어 '이안 러시 징크스'를 깨뜨리고 리그컵 우승을 차지했다. 그레엄은 감독직에 오른 첫 시즌 만에 팀에 1978/1979 시즌 FA컵 우승 이후 오랜만의 우승 트로피를 안겨 주었다.

아스널은 공식 홈페이지에서 이날의 승리를 '아스널의 새로운 현대사의 시작이었다'고 스스로 평가하고 있다.

53 | 1987/1988시즌
'21세 주장' 토니 아담스와 철의 포백 탄생

리그 4위와 리그컵 우승이라는 좋은 성적으로 첫 시즌을 시작한 그레엄 감독은 바로 다음 시즌부터 더 큰 목표를 달성하기 위해 팀을 강화

'철의 포백' 중 토니 아담스

하고 나섰다. 앞서 소개한 공격수 앨런 스미스와 아스널의 자랑이었던 '철의 포백'의 한 축을 담당했던 풀백 나이젤 윈터번이 바로 이 시기에 아스널 유니폼을 입었다.

이 시즌 아스널은 전 시즌보다 2계단 아래인 6위로 리그를 마무리했고, 2년 연속 진출한 리그컵 결승전에서는 한 수 아래의 전력으로 평가되던 루튼 타운에게 충격적인 패배를 당하며 팬들에게 실망을 안겼다. 그러나 이 시즌 아스널에서는 바로 다음 시즌 성공의 밑바탕이 된, 또한 현재까지도 아스널 역사상 최고의 수비진으로 인정받는 철의 포백이 완성되었다.

그 중심에는 팀 역사상 최연소 주장으로 기록된 토니 아담스가 있었다. 1988년 1월, 21세의 나이에 처음 주장 완장을 찬 아담스는 그로부터

데이비드 오리어리

'철의 포백' 중 나이젤 윈터번

'철의 포백' 중 리 딕슨

'철의 포백' 중 스티브 보울드

14년 동안 아스널을 이끌었다. 1987/1988시즌을 앞두고 팀에 합류했던 윈터번, 각각 1988년 1월과 6월에 영입된 리 딕슨, 스티브 보울드 등은 시간이 흐르면서 점점 기존의 아스널 수비진과 눈부신 호흡을 선보였다. 그리고 그 네 명의 뒤에는 1975년부터 아스널 1군에서 활약했던 베테랑 수비수이자 이후 아스널 최다 출전 기록 보유자가 되는 데이비드 오리어리가 있었다.

축구 역사상 가장 극적인 역전 우승

그레엄 감독 체제에서 2년을 보낸 아스널은 이어진 1988/1989시즌, 마침내 18시즌 만의 리그 우승을 차지했다. 아스널이 이 시즌 리그 우승을 거머쥔 과정은 아스널뿐 아니라 잉글랜드 축구 역사상 가장 극적이었다고 표현해도 무리가 없을 것이다.

아스널은 8월 27일 윔블던 원정경기에서 5-1 대승을 거두며 시즌을 시작했다. 이 승리는 아스널이 지난 6년간 거둔 최다 점수 차 원정 승리였다.

이후로도 좋은 성적을 이어 간 아스널은 리그 우승 경쟁 팀이었던 리버풀과의 경기를 끝낸 14라운드 기준으로, 한 경기를 더 치른 1위 노리치 시티보다 승점이 2점 뒤진 27점으로 2위에 올라 리그 우승 경쟁에 본격적으로 뛰어들었다. 해가 바뀌기 직전인 12월 31일에는 마침내 노리치보다 한 경기를 덜 치른 상태에서 승점 동률을 이루며 리그 선두로 올라섰다.

그 후로 1월 말까지 11경기에서 7승 4무를 기록하며 선두 자리를 고수한 아스널의 팬들은 18년 만에 리그 우승을 차지할 수도 있다는 기대에 휩싸였다. 하지만 아스널의 경기력은 시즌 막판 들어 흔들리기 시작했다. 2월에 아스널보다 승점 15점이 뒤져 있던 리버풀이 무서운 속도로 쫓아오기 시작한 반면, 아스널은 거꾸로 2월과 3월 중순까지 5경기 중단 1승만을 거두며 경쟁 팀들에게 추격을 허용하였다.

결국 4월의 시작과 함께 1위 아스널은 30경기 승점 59점, 리버풀은 30경기 승점 57점으로까지 격차가 좁혀졌다. 18년 동안 리그 우승을 차지하지 못한 아스널의 팬들은 불안해하기 시작했고, 반대로 1970~80년대 잉글랜드의 최강자였던 리버풀은 역전의 희망에 부풀어 올랐다. 그리고 바로 다음 경기에서 아스널은 맨유 원정에서 무승부를 기록한 리버풀과 승점이 같아졌고, 골득실에서 밀린 2위로 처지게 되었다.

양 팀이 앞서거니 뒤서거니 하는 우승 경쟁은 시즌 막판까지 이어졌다. 대망의 리그 최종전만을 남겨 둔 상황에서 두 팀의 성적은 다음과 같았다.

1위 리버풀 – 37경기 / 승점 76점 / 골득실 + 39(65득점 26실점)

2위 아스널 – 37경기 / 승점 73점 / 골득실 + 35(71득점 36실점)

그리고 운명의 장난처럼, 우승 경쟁을 벌이는 두 팀끼리 리그 마지막 경기에서 맞부딪치게 되었다. 최종전의 무대는 리버풀의 홈구장 안필드. 아스널이 역전 우승을 차지하기 위해서는 원정에서 2-0 이상의 승리를 거둬야만 했다. 양 팀의 골득실이 각각 +39, +35였기 때문에 아스널이 두 골을 넣을 경우 골득실에서는 +37로 동률을 이루지만, 득점에서 앞서는 아스널이 우승을 하게 되는 상황이었다.

당시 아스널의 수비수 리 딕슨은 이 경기에 나서기 전의 심정을 다음과 같이 회상했다.

솔직히 우리에게 가능성이 없다고 생각했다. 당시 리버풀은 그 정도로 강했다.

그렇게 시작된 경기에서 양 팀은 팽팽한 흐름 속에 0-0으로 전반전을 마쳤다. 아스널이 역전 우승을 달성하기 위해 필요한 시간은 더 줄어들었다. 많은 이들이 그렇게 리버풀이 우승을 굳힐 거라고 생각했지만, 그레엄 감독과 아스널 선수들은 생각이 달랐다. 후반전에 아스널의 첫 골을 터뜨리는 공격수 앨런 스미스가 당시 하프 타임 팀 토크를 떠올리며 말했다.

하프 타임에 그레엄 감독은 우리에게 "후반전 초반에 한 골을 넣고 경기가 끝나기 전에 한 골만 더 넣으면 된다"고 아주 차분하게 말했다. 그보다 더 완벽한 각본을 짤 수는 없을 것이다.

후반전에서 스미스는 그레엄 감독이 요구했던 그대로 후반 초반

앨런 스미스.
현재는 스카이스포츠의 인기 해설가이다.

에 골을 기록하며 팀에게 아직 역전 우승이 가능하다는 희망을 심어 줬다. 상황은 긴박하게 돌아가기 시작했다. 이제 단 한 골로 리그 우승의 주인공이 바뀔 수 있는 상황에 놓인 것이다.

안필드라는 자신들의 '성지'에서 눈앞에 있는 리그 우승을 지키려는 리버풀의 저항도 만만치 않았다. 남은 시간 동안 아스널은 운명을 바꿀 한 골을 위해 사력을 다했지만 리버풀의 골문은 정규 시간 종료 시점까지도 열리지 않았다. 후반전 44분, 리버풀의 미드필더 맥마흔은 팀원들에게 손가락 하나를 들어 올리며 동료들을 격려하고 나섰다. '1분'만 더 버티면 리그 우승을 차지한다는 것을 강조하는 제스처였다.

그리고 인저리 타임 2분, 사실상 경기의 마지막 공격 장면에서 잉글랜드 리그 역사상 가장 극적인 골이 나왔다. 아스널 수비 진영 우측에서 리 딕슨이 멀리 찬 볼이 앨런 스미스에게 연결됐고, 스미스는 전방으로 침투하고 있던 마이클 토마스에게 감각적인 로빙 패스를 이어 줬다. 리버풀 골키퍼와 1대1로 맞선 토마스는 그의 슈팅을 막기 위해 달려들어

온 앨런 한슨이 태클을 시도하기 직전에 빠른 슈팅을 시도하여 그대로 리버풀의 골망을 갈랐다.

아스널의 2-0 승리. 시즌 마지막 경기에서 1위 리버풀에 역전 우승을 거두기 위해 2골이 필요했던 2위 아스널이 경기 종료 휘슬이 울리기 직전에 두 번째 골을 성공시키며 우승을 확정 짓는 순간이었다.

1988/1989시즌 최종 순위

1위 아스널 – 38경기 / 승점 76점 / 골득실 +37 (73득점 36실점)
2위 리버풀 – 38경기 / 승점 76점 / 골득실 +37 (65득점 28실점)

잉글랜드 축구계에서는 이날 경기를, 2011/2012시즌 최종 라운드에서 맨시티가 후반전 추가 시간 아구에로의 골로 맨유에 역전 우승을 거둔 경기와 함께 가장 극적인 역전 우승의 순간으로 꼽곤 한다. 실제로 아구에로의 골로 인해 맨시티가 역전 우승을 거둔 순간 역시 충분히 극적이었으며 두고두고 회자될 명장면이었다.

그러나 두 경기의 결정적인 차이점이자 그 두 경기가 직접적으로 비교될 수 없는 이유는 아스널과 리버풀의 경기가 1, 2위를 기록 중인 두 팀이 직접 맞붙어 그 경기 안에서 우승자가 바뀌었기 때문이다. 그 때문에 이 경기의 파급력에 미칠 수 있는 경기는 적어도 잉글랜드 축구사에선 찾아보기 힘들 것이다.

결승골의 주인공 미이클 토마스나 그 유명한 '철의 포백' 수비수들 외에도 이 시즌 아스널의 우승에 크게 공헌한 또 한 명의 선수는 미드필

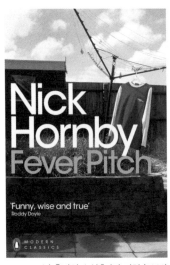

| 닉 혼비의 소설 『피버 피치』(1992) | 콜린 퍼스 주연의 영화 〈피버 피치〉(1997) |

더 데이비드 로캐슬이었다. 아스널 유소년 출신으로 그레엄 감독 부임 이후 중용되기 시작한 로캐슬은 이 시즌 전 경기에 출전하며 꾸준한 활약으로 팀의 우승에 숨은 기여를 했다.

한편, 이 경기를 전후로 한 상황은 아스널 팬의 삶을 다룬 유명한 소설 『피버 피치』 및 동명의 영화에도 담겨 지금까지도 많은 사람들에게 생생하게 전해지고 있다.

55 | 1990/1991시즌
 데이비드 시먼의 입단과 '1패 우승'

극적인 역전 우승을 달성한 이후 이어진 1989/1990시즌, 리그 4위

데이비드 시먼

에 그치며 별다른 두각을 드러내지 못한 아스널과 그레엄 감독은 팀을 더 강화하겠다는 목적으로 당시 잉글랜드에서 가장 촉망받던 골키퍼 중한 명이었던 데이비드 시먼과 스웨덴 출신 윙어 안데르 림파를 영입했다. 특히 시먼은 그 후로 오랫동안 아스널에서 활약하며 현재까지도 아스널 역대 최고의 골키퍼 중 한 명으로 인정받고 있다.

1990/1991시즌은 경질 위기에 몰렸던 맨유의 퍼거슨 감독이 직전 시즌 FA컵 우승을 터닝 포인트로 삼아 본격적인 리그 우승 경쟁에 뛰어들었던 시즌이었다. 그러던 그 시즌 10월에 펼쳐진 아스널과 맨유 간의 대결에서 아스널의 림파와 맨유의 데니스 어윈이 충돌한 것을 계기로 양 팀 선수들이 집단 몸싸움을 하는 사건이 벌어졌다. 그 결과로 아스널과 맨유는 각각 승점 2점, 1점을 삭감당했다.

이 시즌 아스널에게는 또 하나의 악재가 닥쳤다. 팀의 주장이자 핵심 수비수인 토니 아담스의 음주 운전이 적발되면서 4개월의 징역형을 선고받은 것이다. 그는 결국 두 달 후에 풀려났는데, 이 시즌 아스널이 당한 유일한 패배가 바로 그의 복역 중 첼시에게 당한 1-2 패배였다. 만약 아담스의 장기 결장이 없었다면, 아스널의 무패 우승이 훨씬 조기에 가능하지 않았을지 충분히 가정해 볼 수 있을 것이다.

그런 큰 두 악재를 겪었음에도 불구하고 아스널은 결국 이 시즌 내내 단 18실점, 그리고 1패만을 내주고 다시 한 번 리그 우승을 차지했다. 그레엄 감독이 아스널에서 거둔 두 번째 리그 우승은 첫 우승보다는 덜 극적이었지만 훨씬 더 안정적이었다. 2위 리버풀과의 승점 차이도 7점에 달했다.

강력한 규율을 바탕으로 하는 그레엄 감독의 지도 아래 완벽한 호흡을 보여 준 수비진의 안정성과 팀 전체의 완성된 조직력이 드러난 시즌이었다. 그들의 다음 목표는 잉글랜드를 넘어 유럽으로 향했다.

56 | 1991/1992시즌
'득점왕' 이안 라이트의 입단

유럽 제패를 목표로 삼은 그레엄 감독은 팀에 더 확실하게 골을 넣어 줄 수 있는 공격수를 영입하기 위해 나섰다. 그렇게 아스널에 입단하게 된 선수가 바로 크리스탈 팰리스에서 맹활약하고 있던 공격수 이안 라이트였다.

레스터 시티와의 리그컵 경기에서 아스널 데뷔전을 치른 라이트는 첫 경기부터 골을 터뜨렸고, 사우스햄튼을 상대로 가진 첫 리그 경기에서는 해트트릭을 달성했다. 그 후로 그는 이적 첫 시즌부터 득점왕을 차지하며 빠르게 아스널의 주포로 자리 잡았다.

이 시즌 아스널은 리그를 4위로 마쳤고 자국 및 유럽 대회에서도 모두 조기에 탈락하는 등 팀 전체로서는 실망스러운 시즌을 보냈다. 그런 그들에게 시즌 마지막까지 가장 큰 즐거움을 준 것은 다름 아닌 아스널의 이안 라이트와 토트넘의 게리 리네커 간 득점왕 경쟁이었다.

리그 최종전 직전까지 크리스탈 팰리스에서 넣은 5골을 포함한 26골로 득점 순위 2위를 달리고 있던 라이트는, 28골로 시즌을 마감한 리네커에게 그대로 득점왕을 내주는 것처럼 보였다. 하지만 최종전에서 해트트릭을 기록하며 29골을 넣은 라이트는 아스널 입단 첫 시즌에 토트넘의 명공격수를 제치고 득점왕을 차지하며 아스널 팬들의 마음을 단번에 사로잡았다.

이안 라이트는 수비를 우선시하는 그레엄 감독의 아스널이 '지루한 팀'이라는 비판을 받고 있던 시기에 등장한 최고의 '엔터테이너'이자(그는 유쾌한 성격으로도 팬들에게 많은 사랑을 받았다) 무엇보다도 엄청난 골 결정력을 가진 공격수였다. 그는 이후 6시즌 동안 아스널 팀 내 최다 득점자가 된다.

57 | 1992/1993시즌
잉글랜드 최초의 '컵 더블' 달성

잉글리시 프리미어리그(EPL)가 공식 출범한 1992/1993시즌, 아스널

FA컵 트로피를 든 앤디 리니건

은 그레엄 감독 재임 기간 중 가장 낮은 순위인 10위로 리그를 마무리했다. 그러나 반대로 FA컵과 리그컵에서는 모두 우승컵을 들어 올리며 잉글랜드 최초로 두 대회 모두 우승을 차지한 팀이 되었다.

두 대회에서 아스널의 우승에 결정적인 기여를 한 선수들은 클럽 역사에서 그리 큰 비중을 차지하지 않는 비교적 무명의 선수들이었다. 또 하나 흥미로운 점은 이 시즌 아스널이 두 대회 결승전에서 상대한 팀이 같았다는 것인데, 바로 셰필드 웬즈데이였다.

리그컵의 경우 아스널은 준결승전에서 이안 라이트의 친정팀인 크리스탈 팰리스를 만나 손쉽게 꺾은 후 1993년 4월, 결승전에 진출했다. 아스널과 셰필드 웬즈데이 양 팀의 전력상 아스널의 우승이 점쳐졌으나 의외로 선제골은 전반 8분 만에 셰필드 웬즈데이에서 나왔다. 이후 아스널의 폴 머슨이 동점골을 터뜨린 후 1-1로 맞선 상황에서 스티브 머로우가 아스널에 결승골을 선사했다.

그로부터 한 달 후인 5월에 열린 FA컵 결승전에서 아스널은 또 한 번 셰필드 웬즈데이와 만나 연장전까지 가는 혈투 끝에 1-1 무승부를 기록하면서 결국 재경기를 갖게 되었다. 재경기에서 이안 라이트가 선제골을 터뜨렸으나 셰필드 웬즈데이의 크리스 와들이 동점골을 넣으면서 양 팀은 또 한 번 연장전에 돌입했다. 그리고 연장전 후반 종료 직전에 나온 앤디 리니건의 골로 아스널은 그 해 리그컵에 이어 FA컵까지 '컵 더블'을 달성했다.

58 | 1993/1994시즌
앨런 스미스의 결승골과 컵 위너스 컵 우승

전 시즌 리그에서는 10위로 부진했지만 FA컵 우승으로 UEFA 컵 위너스 컵 참가 자격을 얻은 아스널은 1993/1994시즌 리그에서 4위를 기록했지만, FA컵과 리그컵에서는 모두 4라운드에서 탈락했다. 그러나 이 시즌 아스널은 컵 위너스 컵에서 승승장구하며 결승까지 올라 결국 1970년 페어스컵 이후 처음으로 유럽 대회 우승을 차지하게 되었다.

컵 위너스 컵에서 아스널은 오덴세, 스탕다르 리에주, 토리노, 파리 생제르망을 차례로 꺾고 결승전에 진출했다. 그들의 마지막 남은 상대는 파르마였다. 당시 파르마에서는 이후 첼시로 이적해서 최고의 레전드가 되는 지안프랑코 졸라, 스웨덴 출신의 토마스 브롤린 등이 활약하고 있었다.

이날의 결승전을 앞두고 아스널은 커다란 악재를 만났는데, 이 시즌

1993/1994 UEFA 컵 위너스 컵 결승전 아스널 선발 라인업

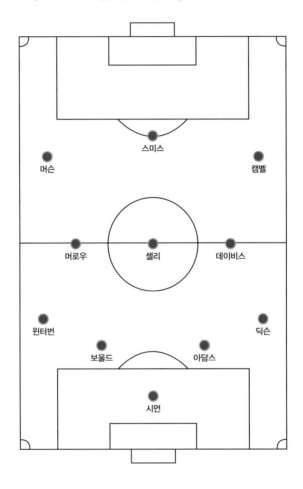

모든 대회를 통틀어 34골을 터뜨린 팀의 압도적인 주포 이안 라이트가 경고 누적으로 결승전에 뛸 수 없게 된 것이었다. 결국 그의 빈 자리는 그 시즌 40경기에서 6골을 넣으며 부진했던 앨런 스미스가 채우게 되었다.

그러나 그레엄 감독이 가장 처음 영입한 공격수였던 스미스는 결정적인 순간에 자신의 진가를 발휘하여 파르마와의 결승전에서 나온 유일한 골을 터뜨렸다. 그의 골로 리드를 잡게 되자 아스널이 자랑하는 철의 포백을 중심으로 한 수비진이 위용을 발휘하기 시작했다. 아스널은 이후 완벽한 수비를 펼치며 파르마의 파상 공세를 철저히 막아 내다가 마침내 1-0 승리를 거뒀다. 아스널의 원정 팬들은 경기가 열린 코펜하겐에서 '1-0 to the Arsenal'이라는 응원가를 불렀다.

이날 아스널의 영웅이 된 앨런 스미스는 현재 스카이스포츠 해설가로 있으면서 유명 축구 게임 FIFA 시리즈에도 목소리가 실리는 등 활발하게 활약하고 있다.

앙리, 라이트, 베르캄프 등 위대한 스트라이커들이 활약했던 아스널의 역사에서 스미스는 골 자체가 아주 많거나 화려한 선수는 아니었다. 하지만 그는 자신을 영입한 그레엄 감독 시절, 고비마다 중요한 역할을 해낸 아스널의 '조용한 영웅'이었다.

59 | 1995년
조지 그레엄 감독의 불명예스러운 퇴진

선수 시절에도 아스널과 함께 클럽 역사상 최초의 더블을 차지했고,

감독으로서도 두 차례의 리그 우승, FA컵 우승과 리그컵 우승에 이어 마침내 유럽 대회에서도 우승컵을 들어 올렸을 때, 팬들은 그가 앞으로 더 많은 영광을 아스널에 가져다 줄 것으로 믿었다. 그러나 그의 아스널 감독 경력은 아주 허무하게 끝나고 말았다.

1994/1995시즌이 한참 진행 중이었던 1995년 2월, 그레엄 감독은 그보다 3년 전인 1992년에 존 옌슨을 영입하던 당시 옌슨의 에이전트였던 루네 호즈에게 40만 파운드 가량의 뇌물을 받은 것으로 밝혀지면서 잉글랜드 축구협회로부터 1년간 축구계 활동을 금지당했다. 그레엄 감독은 자신이 받은 게 뇌물이 아니라 자신이 요구하지 않은 선물이었다고 항변했지만 그의 주장은 받아들여지지 않았다.

허버트 채프먼 이후부터 아르센 벵거 이전까지 가장 성공적인 아스널 감독이었던 조지 그레엄이 뇌물 스캔들로 감독직을 잃고 축구계 활동 정지를 당한 사건은 그 당시에도 큰 충격이었지만 그 후로도 오랫동안 많은 사람들의 기억 속에 남았다.

한편으로, 당시의 축구계에 만연했던 풍조 속에서 그레엄 감독이 희생자가 되었다는 시각도 존재한다. 그 일로부터 약 10년이 지난 2006년, 루튼 타운의 마이크 뉴웰 감독은 다음과 같이 말했다.

만약 지난 10년 동안 선수 영입과 관련해 뇌물을 받은 것이 조지 그레엄 감독 한 명뿐이라면 나는 아주 놀랄 것이다.

어찌 됐든 그렇게 그레엄 감독은 갑작스럽게 아스널을 떠나게 되었

선수로나 감독으로나 팬들의 큰 사랑을 받은 조지 그레엄

고 아스널은 임시 감독 체제로 돌입했다. 스튜어트 휴스턴 감독 대행은 그 후로 아스널을 잘 이끌며 컵 위너스 컵 결승전까지 진출했지만, 결국 결승전에서 레알 사라고사에 1-2로 패하며 또 한 번의 유럽 대회 우승에 실패하고 휴스턴 본인도 짧은 임기를 마무리하게 되었다. 그 해 아스널의 리그 순위는 12위에 그쳤다.

60 | 1995/1996시즌
브루스 리오치 감독과 베르캄프의 입단

1994/1995시즌을 마무리하고 본격적으로 그레엄의 뒤를 이어 아스널을 이끌 감독을 구하고 나선 아스널은 당시 볼튼 감독직을 수행하고 있던 브루스 리오치를 새 감독으로 임명했다.

그는 1992년에 볼튼 감독직을 맡아 3부 리그에 머물던 팀을 1부 리그로 끌어올린 주인공이었다. 그 이전 팀인 밀월에서부터 아스널로 부임하기까지의 과정이 그레엄 감독과 매우 유사한 점이 있었고, 현재까지도 볼튼 팬들로부터 볼튼의 부활을 이끈 뛰어난 감독으로 기억되고 있는 인물이다.

리오치 감독의 아스널 재임 기간 자체는 아주 짧았지만 그는 아스널에 온 지 15일 만에 아스널 역사에 아주 중요한 의미를 갖는, 그리고 그가 아스널에 남긴 최고의 유산이라고 할 만한 선수를 영입했다. 그는 바로 네덜란드 대표팀 공격수이자 당시 인터 밀란에서 활약하고 있었던 데니스 베르캄프였다. 이후 베르캄프는 아스널을 뛰어넘어 프리미어리그 전체를 뒤바꾼 위대한 테크니션이 된다.

베르캄프 영입이 리오치 감독의 대표적인 성공 사례였다면, 그의 가장 큰 문제는 이안 라이트와의 불화였다. 그는 라이트를 왼쪽 윙어로 기용했는데 라이트는 감독의 그런 결정을 이해하지 못했다. 결국 리오치 감독이 아스널에서 보낸 유일한 시즌이었던 1995/1996시즌, 아스널은 리그 5위로 시즌을 마무리했고 그는 한 시즌 만에 아스널 지휘봉을 내려놓았다.

리그 5위라는 성적만 놓고 보면 아주 나쁜 결과는 아니었다. 다음 시즌 유럽 대회 진출권을 확보했다는 긍정적인 요소도 있었다. 그러나 이미 채프먼 감독 이래 그레엄 감독에 이르기까지 수많은 성공을 경험했던 아스널은 리그 5위에 만족할 수 있는 클럽이 아니었다. 그들은 자신들을 그 이상으로 이끌어 줄 수 있는 인물을 원했다.

그렇게 아르센 벵거의 시대가 눈앞에 다가오고 있었다.

1996~2005년
아르센 벵거의 아스널과 무패 우승

—

1996년 9월 30일, 잉글랜드 축구계에 알려진 바가 없었던 아르센 벵거 감독의 부임은 '아르센 후?'라는 비아냥을 불러왔으나, 그는 부임 후 두 시즌 만에 리그와 FA컵 우승으로 더블을 이뤄 내며 아스널과 잉글랜드 축구계에 일대 혁명을 일으킨다. 이미 EPL 최강자로 자리 잡고 있던 퍼거슨 감독의 맨유와 양강 체제를 이룬 벵거의 아스널은 그가 직접 스타로 키워낸 비에이라와 앙리 등의 맹활약 속에 2003/2004시즌 마침내 잉글랜드 축구 역사에 남을 금자탑인 '무패 우승'을 달성한다.

누구보다 아스널전문가가 되고싶다

아르센 벵거의 아스널과
무패 우승
1996~2005년

61 | 1996년 9월 30일
'아르센 후?(Arsene Who?)**'의 탄생**

　일본에서 나고야 그램퍼스 에이트의 감독을 맡고 있던, 잉글랜드 축구계에서 알려진 바가 거의 없었던 아르센 벵거라는 남자가 아스널의 새 감독으로 임명됐을 때, 영국 언론에서 '아르센 후?(Arsene Who?)'라는 말로 그를 비웃었던 일화는 비단 아스널 팬에게만이 아니라 축구계 전체에서도 아주 유명한 사실이다(존 크로스 기자의 『아르센 벵거: 아스널 인사이드 스토리』에 의하면 이 문구가 처음 사용된 것은 언론 기사가 아니라 한 찻집의 광고판이었다고 한다).

　그러나 당시의 배경을 좀 더 자세히 들여다보면, 그 말은 단순히 벵거 감독이 잉글랜드에서 무명이었기 때문에 나온 표현이 아니었다. 당시 잉글랜드에서 아스널의 차기 감독 후보로 강력하게 예상되던 인물은 다름아닌 유럽 축구계에서 가장 유명한 선수이자 감독이었던 요한 크루이프였다.

1996년 8월 13일, 영국의 정론지인 더 타임즈에서는 '다음 아스널 감독으로는 요한 크루이프가 유력한 것으로 보인다'고 보도했다. 1996년은 크루이프가 바르셀로나의 지휘봉을 내려놓은 해였고, 그는 선수 시절부터 잉글랜드 축구계에 높은 관심을 보여 왔다. 아약스, 바르셀로나에서 명성을 떨친 크루이프와, 이미 1930년대부터 잉글랜드의 명문으로 자리 잡고 그레엄 감독 아래서 유럽 대회에서도 좋은 모습을 보여주고 있던 아스널의 조합은 제법 잘 어울릴 것처럼 보였다.

아스널의 팬이자 세계적인 베스트셀러 소설『피버 피치』의 작가 닉 혼비는 당시의 상황에 대해 다음과 같이 기억했다.

리오치 감독이 경질되었을 때 언론에서는 서너 명의 이름을 거론했다. 그 이름들이란 테리 베너블스, 요한 크루이프 등이었다. 그리고 마지막에는 아르센 벵거라는 이름이 등장했다. 나는 아스널 팬으로서 '빌어먹을 무슨 아르센 벵거야'라고 생각했던 기억이 난다. 앞선 두 남자의 이름은 낯익었지만 이 남자의 이름은 전혀 들어 본 적이 없었으니까.

세계적으로 가장 유명한 아스널 팬인 닉 혼비 작가의 말은 당시 아스널의 상황을 바라보던 팬들과 축구 관계자들의 심정을 고스란히 보여준다. 그들은 볼튼을 1부 리그로 승격시킨 공을 인정받아 아스널로 왔던, 상대적으로 인지도가 높지 않았던 브루스 리오치 감독의 실패를 이제 막 맛본 참이었다. 그런 이유로 그들은 차기 아스널 감독이라면 적어도 조지 그레엄 감독 이상의 경력과 명성을 가진 남자가 오는 것이 마땅하다고 생각했던 것이다.

부연 설명이 굳이 필요 없는 레전드 요한 크루이프나, 잉글랜드 경험이 풍부하고 바르셀로나를 이끌어 본 경력이 있는 테리 베너블스의 이름이 거론된 것은 바로 그런 이유 때문이었다. 그런 그들 앞에 나타난 것은 안경을 쓰고 어색한 영어로 자신을 소개하는 한 프랑스인이었다.

이런 배경 상황을 살펴보면, 왜 '아르센 후?'라는 말이 나왔고 지금까지도 널리 회자되고 있는지 조금 더 이해가 될 것이다.

62 | 데이비드 딘 부회장이
벵거를 아스널에 데려오기까지

아르센 벵거가 아스널에 공식적으로 부임한 것은 1996년 9월 30일의 일이었지만, 그보다 1년 앞서 조지 그레엄 감독이 팀을 떠났을 때부터 이미 벵거 감독을 적극적으로 추천하고 나선 인물이 있었다. 바로 데이비드 딘 아스널 부회장이었다.

그는 BBC와의 인터뷰에서 당시 상황에 대해 말했다.

1995년 2월 조지 그레엄이 팀을 떠났을 때, 나는 이사진에 아르센 벵거 감독을 적극 추천했지만 그들은 외국인 출신 감독을 임명하는 데 회의적이었다. 그들은 그보다는 좀 더 프리미어리그와 잉글랜드 축구계를 잘 알고 있는 감독을 원했다. 그렇게 그들이 선택한 인물 이 브루스 리오치 감독이었다.

리오치 감독도 팀을 떠나게 되자 나는 더 강하게 벵거 감독을 데려 오자고 요청했고 이번엔 이사진에서도 내 제안을 받아들였다. 물론 우리에겐 벵거 감독을 영입하지 못할 경우에 대비한 다른 후보자들 의 리스트도 있었지만, 나에게는 분명 그가 첫 번째 선택지였고 나 는 그가 아스널에서 감독이 되길 원했다.

그의 말 그대로, 아르센 벵거가 아스널 역사상 첫 비영국인 감독으 로 임명되기까지는 데이비드 딘 부회장의 역할이 절대적이었다. 두 사 람의 인연은 1989년 1월 2일, 아르센 벵거가 AS 모나코 감독이었던 시 절로 거슬러 올라간다.

프랑스 리그의 겨울 휴식기를 맞아 벵거는 유러피언 컵에서 상대하 게 될 터키의 갈라타사라이 경기를 관전했다. 그리고 벵거는 모나코로 돌아가기 전에 런던에 들러 아스널 대 토트넘의 맞대결을 보게 되었다. 그렇게 하이버리 스타디움에서 벵거와 데이비드 딘의 운명적인 만남이 이뤄졌다.

데이비드 딘은 『아르센 벵거: 아스널 인사이드 스토리』에서 당시를 회고했다.

데이비드 딘

벵거는 런던에 들렀다가 아스널의 옛 홈구장인 하이버리 스타디움으로 경기를 보러 왔다. 당시 우리 홈구장에는 이사들이나 고위 관계자들이 사용하는 이사회실이 있었고, 바로 그 옆방에는 감독, 스카우터, 축구계 관계자들이 주로 사용하는 칵테일 라운지가 있었다. 그때는 여성들이 이사회실에 출입할 수 없었으므로(그 관습은 곧 바뀌었다!) 내 아내와 그녀의 친구는 칵테일 라운지에서 시간을 보내고 있었다.

그러던 중 아내가 내게 와서 "칵테일 라운지에 AS 모나코 감독이 와 있어요"라고 알려 주었다. 나는 하프 타임에 우아하게 트렌치 코트를 차려 입은 그 남자에게 다가가 인사를 건넸다. 그는 특이한 안경을 쓰고 있었다. 보통의 축구 감독들과는 아주 다른 용모였다.

나는 그에게 "런던에 얼마나 지내실 계획입니까?" 하고 물었고 그는 "오늘 하루 런던에서 자고 떠날 계획입니다"라고 대답했다. 나는 다시 "그럼 오늘 저녁에는 일정이 있나요?"라고 물었고 그는 "아무 일정도 없습니다"라고 대답했다. 내가 가장 좋아하는 격언은 거북이에 대한 비유에서 나온 말로, '목을 내밀지 않으면 어디로도 갈 수 없다'는 것이다. 그래서 나는 그에게 "오늘 저녁 내 아내와 같이 친구의 집에 가서 저녁 식사를 하지 않을래요?"라고 물었다. 그에 대한 그 남자의 대답이 그와 나의 인생, 그리고 내 생각으로는 모든 아스널 팬들의 삶을 바꿔 놓았다. 그는 "그러죠" 하고 대답했다. (중략)

그날 밤, 내 머릿속에는 이런 생각이 불현듯 떠올랐다. '아르센과 아스널, 아스널과 아르센. 마치 운명 같군. 이건 현실이 될 거야.'

그날을 계기로 벵거와 딘은 연락을 주고받는 사이가 되었다. 그리고 그날로부터 7년 후, 딘의 예감은 현실이 되었다.

63 | 1996/1997시즌
아르센 벵거 감독의 첫 시즌과 개혁의 시작

벵거 감독이 아스널을 이끌고 처음 맞은 경기는 10월 12일 블랙번 전이었다. 그는 윈터번과 딕슨을 윙백으로 기용하는 스리백 전술을 구사했다.

벵거는 조지 그레엄 감독 시절 구축된 철벽 수비진과 당시 리그 최

1996년 10월 12일 블랙번전 아스널의 선발 명단

*아르센 벵거의 아스널 첫 경기

고의 공격수였던 이안 라이트의 두 골에 힘입어 자신의 아스널 첫 경기를 2-0 승리로 장식했다. 당시 선수단에서는 특히 눈여겨볼 만한 선수가 있었다. 경기장 한가운데 배치되어 라이트의 두 번째 골을 어시스트한 미드필더 패트릭 비에이라였다.

1996/1997시즌을 앞둔 8월 아스널에 입단한 패트릭 비에이라는 공식적으로는 벵거 감독이 직접 영입한 선수가 아니었다. 시간상으로 비에이라는 벵거 감독이 아스널로 오기 한 달 전에 이미 아스널에 입단했고, 벵거 감독 부임 전인 9월 16일 셰필드 유나이티드전에서 데뷔전을 치렀다.

그러나 비에이라가 아스널행을 결심한 이유 자체는 당시 이미 차기 아스널 감독으로 내정되어 있었던 아르센 벵거 감독의 영향이 지대했다. 그와 비슷한 시기에 아스널에 입단한 레미 가르드도 마찬가지였다. 그렇게 벵거와 함께 아스널에 입단한 비에이라는 첫 시즌부터 중원에서 맹활약을 펼치며 아스널 팬들의 마음을 사로잡았다.

벵거 감독은 재임 초기부터 구단의 아주 세세한 사항까지 직접 개선해 나갔다. 가장 대표적인 것이 식단이었다. 그는 아스널에 부임하자마자 선수들이 즐겨 먹던 마스바(Mar's Bar, 스니커즈와 비슷한 초콜릿 바)를 먹지 못하도록 한 것을 포함하여 식단을 조절했고, 새로운 스트레칭 방식 등을 활용한 획기적인 훈련법을 도입했다.

그레엄 감독 시절, 훈련이 끝나면 술을 마시는 것도 대수롭지 않게 여겨 왔던 아스널 선수들에게 이런 변화는 놀라운 것이었다. 주장 토니 아담스를 포함해 몇몇 선수들은 그런 음주 습관으로 인해 알코올 중독 문제를 겪기도 했는데, 그들이 벵거 덕분에 선수 생활을 몇 년 더 늘릴 수 있었다는 게 영국 언론의 정론이다.

10월 12일 블랙번전 승리를 시작으로 4경기 무패 행진을 이어 가던 벵거 감독의 첫 패배는 11월 16일 올드 트래포드에서 나왔다. 맨유 원정에 나선 벵거 감독이 퍼거슨 감독과 만난 첫 맞대결에서 0-1로 패배를 당한 것이다. 그러나 그날의 유일한 골은 맨유 선수가 아닌 아스널의 수비수 나이젤 윈터번의 자책골이었다.

아스널의 다음 상대는 토트넘이었다. 당시 아스널은 홈구장인 하이버리 스타디움에서 1991년 9월 이후로 한 차례도 토트넘을 이기지 못하는 부진을 겪고 있었다. 그러나 이 경기에서 벵거 감독은 아스널의 3-1 승리를 이끌며 자신의 첫 북런던 더비를 승리로 장식했다. 그 후로 벵거 감독의 지휘 아래 아스널은 토트넘에 오랫동안 리그 성적에서도, 상대 전적에서도 압도적인 우위를 점하게 되었다.

그러던 1997년 2월, 벵거 감독이 공식적으로 처음 영입한 선수가 아스널 유니폼을 입었다. 당시 잉글랜드에서는 거의 무명에 가까웠던 불과 17세의 프랑스 출신 공격수 니콜라스 아넬카였다. 아넬카는 아스널에서 보낸 첫 시즌에는 많은 경기에 나서지 못했지만, 두 번째 시즌에 이안 라이트가 부상으로 전력에서 이탈한 사이에 놀라운 잠재력을 보여 주며 급속도로 1군 팀에 자리 잡았다.

그 후 시즌 후반기에도 아스널은 나쁘지 않은 모습을 이어 가면서 리그 3위로 벵거의 첫 시즌을 마무리했다.

64 | 1997/1998시즌, 첫 풀 시즌에
'더블'을 달성한 아르센 벵거

전 시즌 10월부터 팀을 맡아 첫 시즌을 성공적으로 마친 벵거 감독은, 시즌 개막부터 종료까지 풀 시즌을 맡아 선수 영입을 비롯한 모든 것을 책임졌던 첫 시즌인 1997/1998시즌, 아스널의 110년 역사상 두 번째 더블을 기록했다. 자신을 믿어 준 데이비드 딘 부회장과 아스널 이사진의 선택이 결코 실수가 아니었음을 증명한 것이었다.

새 시즌 개막에 앞서 벵거 감독은 기존에 조지 그레엄 감독이 남긴 스쿼드와 리오치 감독의 유산인 베르캄프 이외에, 자신의 철학을 그라운드에서 구현할 수 있는 선수들을 영입하고 나섰다. 이 시즌 아스널 유니폼을 입은 대표적인 선수로는 빠른 스피드를 자랑하는 아약스 출신 공격수 마크 오베르마스, 벵거 감독의 친정팀인 AS 모나코에서 데려온 엠마누엘 프티와 자일스 그리망디, 루튼 타운에서 영입된 유망주 수비수 매튜 업슨, 그리고 교체 골키퍼로서 중요한 활약을 하게 되는 알렉스 마닝거 등이 있었다.

그렇게 신구의 조화가 갖춰진 아스널은 개막 후 12경기에서 무패를 기록하며 선두권으로 치고 나가다 더비 카운티에게 덜미를 잡혔고 바로 그 다음 경기에서 맨유를 맞이했다. 전 시즌 맨유와의 리그 경기에서 두 차례 모두 패했던 벵거 감독은 퍼거슨과의 세 번째 리그 대결에서 아넬카, 비에이라, 라이트의 골에 힘입어 셰링엄이 두 골을 터뜨린 맨유를 3-2로 꺾었다. 퍼거슨 감독, 그리고 우승 경쟁자였던 맨유를 상대로 기록한 첫 승리였다.

경기가 끝난 후 벵거 감독과 퍼거슨 감독은 각각 "이번 승리가 EPL 우승 경쟁을 더 재미있게 할 것이다", "한 팀만 너무 앞서가면 시시하지 않나"라는 코멘트를 주고받으며 앞으로 오랫동안 이어질 두 감독과 두 팀의 라이벌 관계를 예고했다.

당시 잉글랜드 축구계는 1992년 프리미어리그가 출범한 이후로 맨유가 절대적인 강자로 군림하고 있었다. 퍼거슨 감독의 맨유는 그때까지 5시즌 중 4시즌에서 우승했고 같은 기간 FA컵에서 두 차례 우승을 차지했다. 단 한 번 리그 우승을 놓쳤던 시즌은 당시 맨유의 에이스였던 에릭 칸토나가 관중에게 이단 옆차기를 날리는 일대 사건을 일으키며 장기간 전력에서 이탈했던 시즌이었다. 한마디로, 벵거의 아스널이 부상하기 전까지 프리미어리그는 완벽한 맨유의 독주 체제였다고 해도 과언이 아니다.

그런 맨유를 꺾고 기세가 오른 아스널은 그 후 4경기에서 1승만을 거두며 그 시즌 전반기를 1위 맨유에 승점 12점이 뒤진 6위로 마감했다. 그 시점에서 아스널이 리그 우승을 차지할 것이라고 생각하는 사람은 아무도 없었다.

그러나 크리스마스가 지난 후 열린 레스터 시티전 2-1 승리를 기점으로 아스널은 18경기에서 무패를 기록했다. 특히 3월 11일 윔블던전부터 5월 3일 에버튼전까지는 리그 10연승이라는 놀라운 연승 가도를 달리며 선두 맨유를 제치고 리그 우승을 차지했다. 이 10연승 중에는 오베르마스의 골로 맨유의 홈구장 올드 트래포드에서 거둔 1-0 승리도 포함되어 있었다. 벵거 감독으로선 자신의 첫 시즌 퍼거슨 감독에게 당했던 리그 '더블'을 고스란히 되갚는 순간이었다.

아스널의 10연승 상대팀 및 기록

1998년 3월 11일, 윔블던 0 - 1 아스널

1998년 3월 14일, 맨유 0 - 1 아스널

1998년 3월 28일, 아스널 1 - 0 셰필드 웬즈데이

1998년 3월 31일, 볼튼 0 - 1 아스널

1998년 4월 11일, 아스널 3 - 1 뉴캐슬

1998년 4월 13일, 블랙번 로버스 1 - 4 아스널

1998년 4월 18일, 아스널 5 - 0 윔블던

1998년 4월 25일, 반슬리 0 - 2 아스널

1998년 4월 29일, 아스널 1 - 0 더비 카운티

1998년 5월 3일, 아스널 4 - 0 에버튼

그렇게 리그에서 극적으로 역전 우승을 이뤄 낸 아스널은 포트 베일, 미들스브로, 크리스탈 팰리스, 웨스트햄, 울버햄튼 등을 꺾고 FA컵 결승전까지 진출해 앨런 시어러가 버티는 뉴캐슬과 결승전을 벌여 2-0 승리를 거뒀다. 이날 아스널의 두 골을 기록한 선수는 오베르마스와 아넬카로, 모두 벵거 감독이 직접 영입해 온 선수들이었다.

이 시즌 차지한 더블로 벵거 감독은 잉글랜드 리그에서 우승을 차지한 최초의 비영국인 감독이 되었다. 그런 성공의 여파는 아스널에만 머무르지 않았다. 벵거의 성공은 곧 프리미어리그에서 외국인 감독들도

얼마든지 통할 수 있다는 것을 의미했다. 그의 이 시즌 더블 이후로 프리미어리그에는 외국인 감독의 러쉬가 본격적으로 가속화되었다.

65 │ 아스널 레전드
이안 라이트

벵거 감독의 아스널이 더블을 기록한 그 시즌, 아스널에서 최다 골을 기록한 선수는 데니스 베르캄프였으나 그와 함께 공격을 책임진 이안 라이트 역시 대기록을 수립했다. 볼튼 원더러스와의 홈경기에서 자신의 아스널 통산 179번째 골을 기록하며 1930년대 클리프 바스틴이 세운 최다 골 기록을 약 반 세기 만에 경신한 것이었다.

이안 라이트는 22세에야 처음 프로 계약을 맺은, 현재는 물론이고 당시 기준으로도 대단히 늦게 1군 무대에 모습을 드러낸 공격수였다. 아스널이 당시 클럽 최고 이적료였던 250만 파운드를 투자해서 그런 선수를 영입했을 때 많은 사람들이 그에 대해 우려 섞인 시선을 보냈던 것이 사실이다. 게다가 라이트가 아스널에 입단한 시점은 앨런 스미스가 두 시즌 연속 득점왕을 차지하며 아스널의 No.1 공격수로 활약하고 있을 때였다.

그러나 라이트는 데뷔전부터 골 폭죽을 터뜨리기 시작하며 골로 자신에 대한 모든 비판과 우려의 목소리를 잠재웠다. 1995년 컵 위너스 컵에서는 결승전을 제외한 모든 경기에서 골을 터뜨리기도 했고, 몇몇 시즌에는 모든 대회 합산 30골 이상을 기록하는 등 엄청난 화력을 과시하

이안 라이트

며 6시즌 동안 아스널의 최다 득점자로 군림했다.

라이트가 은퇴한 지 오랜 시간이 흐른 현재까지도 아스널 팬들에게 많은 사랑을 받고 있는 이유는, 그가 단순히 골만 잘 넣는 것이 아니라 항상 축구를 즐겼기 때문이며, 또한 팬들에게 즐거움을 주었던 밝은 성격과 탁월한 쇼맨십 덕분이었다. 그의 최다 골 기록은 오래 지나지 않아 티에리 앙리라는 클럽 역사상 최고의 공격수에 의해 경신되었지만, 그는 앙리가 아스널에 오는 데도 적지 않은 영향을 끼쳤다. 앙리는 다음과 같이 말했다.

나는 이안 라이트 덕분에 아스널과 사랑에 빠졌다.

융베리의 입단과 맨유와의 혈투

아르센 벵거 감독의 아스널이 당시 최강자였던 맨유를 제치고 리그 우승과 FA컵 우승으로 더블을 달성한 일은 EPL이 더 이상 맨유가 독주하는 리그가 아님을 의미했다. 그때부터 EPL은 맨유 독주 체제를 벗어나 벵거 대 퍼거슨, 아스널 대 맨유라는 2강 체제로 돌입했다.

1998/1999시즌은 그 두 팀이 리그와 FA컵에서 가장 박빙의 경쟁을 벌였던 시즌이었다. 결국 그 승자는 직전 시즌 아스널에 허용한 더블을 자극제로 삼아 잉글랜드 축구계 최초의 트레블을 달성해 낸 퍼거슨의 맨유였다.

그 시즌을 앞두고 벵거 감독은 조지 그레엄 감독이 영입한 이후로 줄곧 아스널의 주포로 활약해 왔던 이안 라이트를 내보냈다. 그해 그의 나이는 이미 34세였고 확실히 전성기를 지난 후였다. 벵거 감독은 그의 대체자로 네덜란드 국가대표 공격수 패트릭 클루이베르트와 티에리 앙리의 영입을 노렸으나 이적료와 급여 문제로 모두 실패했다.

대신 그는 자신이 아스널 감독이 된 후 처음 영입했던 공격수인 니콜라스 아넬카에게 1군에서의 기회를 부여했다. 아넬카는 보란 듯이 그 기대에 부응하며 이 시즌 총 19골을 터뜨려 팀 내 최다 득점자가 되었다.

한편, 이 시즌 아스널에는 팬들의 많은 사랑을 받게 되는 레전드 프레드릭 융베리가 입단했다. 벵거 감독은 스웨덴 국가대표팀 대 잉글랜드 국가대표팀의 경기를 보고 그를 영입하기로 결심했다. 다른 팀에서 그를 데려가기 전에 빠르게 아스널로 데려와야겠다고 생각한 벵거는 곧

프레드릭 융베리

자신의 계획을 행동으로 옮겼다. 첼시 역시 그의 영입에 큰 관심을 갖고
있었다는 사실이 밝혀졌지만 융베리는 아스널과의 계약서에 사인을 했
다. 그 외에 아스널에서 다섯 시즌간 활약하며 많은 사랑을 받은 공격수
은완코 카누 역시 이 시즌 겨울에 아스널 유니폼을 입었다.

　그렇게 시작된 1998/1999시즌, 아스널과 맨유는 리그와 FA컵에서
모두 팽팽한 대결을 벌이며 지켜보는 이들을 흥미롭게 했다. 두 대회 중
먼저 승리의 향방이 결정된 것은 FA컵이었다. 4월에 열린 양 팀 간의 FA
컵 준결승전에서 0-0으로 승부를 가리지 못한 그들은 3일 후 재대결을
벌였고, 이 대결에서 승리를 가져간 것은 또 다시 맨유였다.

　현재까지도 FA컵의 명경기 중 하나로 기억되는 이날 승부에서 아스
널은 전반 17분에 맨유의 스타 데이비드 베컴에게 선제골을 내주며 끌
려 갔다. 그러나 맨유에 베컴이 있다면 아스널엔 베르캄프가 있었다. 후

반 24분, 베르캄프는 천금 같은 동점골을 터뜨렸다.

승부를 끝낼 기회를 먼저 잡은 것은 아스널이었다. 후반전 베르캄프의 골이 터진 이후 기세를 잡은 것도 아스널이었다. 아스널의 연이은 공세를 막던 중에 맨유의 주장 로이 킨은 경고 누적으로 퇴장을 당했고, 맨유 수비수 필 네빌은 후반전 추가 시간에 자신들의 페널티 박스 안에서 레이 팔러에게 파울을 범하며 페널티 킥까지 내주었다.

아스널의 페널티 키커는 베르캄프, 의심할 여지 없이 아스널이 가장 신뢰하는 선수였다. 베르캄프 대 슈마이켈. 베르캄프는 골문의 오른쪽을 향해 슈팅을 날렸고, 슈마이켈은 슈팅 방향을 정확히 예측하여 그 페널티 킥을 막아 냈다. 아스널의 승리 쪽으로 굳어져 가던 분위기가 단번에 뒤집히는 장면이었다.

그렇게 시작된 연장 전반도 0-0으로 끝나고 연장 후반에 돌입했을 때, 맨유의 라이언 긱스는 비에이라의 패스를 가로챈 후 아스널의 수비 진영을 홀로 치고 들어와 토니 아담스의 태클이 닿기 전에 슈팅을 시도, 데이비드 시먼 골키퍼가 손을 댈 수 없는 톱코너로 볼을 꽂아 넣었다. 그렇게 맨유는 FA컵 준결승에서 아스널을 꺾고 결승전에 진출했다.

FA컵에서 두 팀의 맞대결은 4월에 결판이 났지만, 리그에서의 승패는 5월에야 판가름이 났다. 직전 시즌과 마찬가지로 크리스마스를 기점으로 18라운드부터 36라운드까지 18경기 무패를 달리던 아스널은 5월 11일에 열린 리그 경기에서 0-1 패배를 당하며 결국 맨유에 리그 우승 트로피를 내주고 말았다. 그 결정적인 순간에 아스널의 덜미를 잡으며 맨유의 우승에 도움을 준 팀은 아이러니하게도 맨유와 오랜 앙숙지간인 리즈 유나이티드였다.

유럽 축구사에 맨유의 트레블로만 기억되는 1998/1999시즌의 EPL, 아스널은 자력으로 리그와 FA컵에서 모두 우승할 충분한 기회가 있었음에도 스스로 무너져 내렸다. 특히 이 시즌 리그에서 아스널은 4패만을 당했는데, 그 상대들은 셰필드 웬즈데이, 윔블던, 아스톤 빌라, 리즈 유나이티드였다. 그들보다 상대적으로 전력이 약한 팀에게 일격을 당하며 리그 우승을 놓쳤던 셈이다.

아르센 벵거 감독은 팀의 그런 문제를 해결하기 위한 방안을 찾으며 다음 시즌을 준비했다. 그렇게, '킹(King)'이 드디어 아스널의 유니폼을 입게 되었다.

67 | 1999/2000시즌
'킹' 앙리의 입단과 UEFA컵 결승 진출

1999/2000시즌은 아스널의 130년 역사 속에서 팬들에게 가장 많은 사랑을 받는 선수이자 최다 득점자 랭킹 1위에 올라 있고 클럽 스스로도 아스널 역사상 가장 위대한 레전드로 꼽는 티에리 앙리가 입단한 시즌이었다.

그가 입단한 시기는 그 전 시즌 아스널에서 기량을 만개했던 니콜라스 아넬카가 레알 마드리드로 떠난 지 불과 며칠 후의 일이었다. 때문에 앙리가 아넬카의 대체자로 영입되었다는 오해도 존재하지만 그것은 사실과 다르다. 벵거 감독은 직접 자신의 입으로 "앙리와 아넬카를 함께 기

'킹' 앙리의 아스널 입성

용할 생각으로 앙리를 영입했다"고 밝힌 바 있다. 프랑스 21세 이하 대표팀 시절부터 함께 뛴 바 있는 재능 넘치는 두 선수를 아스널에서 함께 뛰게 할 계획이었던 것이다.

그러나 아스널이 유벤투스 측과 앙리의 영입을 위한 조율을 하는 사이에 레알 마드리드는 아넬카의 이적료로 2,300만 파운드를 제안했고, 전 시즌 말미부터 팀과 크고 작은 마찰을 빚고 있던 아넬카는 결국 레알 마드리드의 선수가 되었다. 아스널로서는 EPL 최고의 젊은 공격수로 성장한 아넬카를 보내는 것이 아쉬웠지만, 2년 전 50만 파운드에 영입했던 선수를 2,300만 파운드에 판매하며 막대한 이적료 수입을 올렸다.

많은 아스널 팬들에게 앙리가 입단한 해로 기억되는 1999/2000시즌, 아스널에는 앙리 외에도 또 한 명의 대형 공격수가 영입되었다. 사실 앙리가 유벤투스에서 부진하고 있었다는 점과 당시의 명성 등을 생각하면 이 선수의 영입 또한 결코 앙리에 뒤지지 않는 임팩트가 있었다. 그는 크로아티아 출신으로 1998년 프랑스 월드컵에서 득점왕을 차지했고, 그해 FIFA 올해의 선수 시상식에서 3위를 차지했던 다보르 수케르였다.

세비야와 레알 마드리드에서 뛰는 동안 239경기에 나서 114골을 득점했던 수케르는 등번호 9번을 달고 아스널에 입단하며 많은 기대를 모았다. 그러나 그는 한 시즌 동안 불과 8골 득점에 그치고 갈라타사라이와의 UEFA컵 결승전에서는 승부차기 실축을 하는 등 기대에 크게 미치지 못하는 모습을 보인 끝에 웨스트햄으로 떠났다.

어쨌든 그렇게 앙리와 수케르가 합류한 1999/2000시즌, 아스널은 직전 시즌 트레블을 차지한 맨유와의 커뮤니티 실드 경기에서 은완코 카누와 레이 팔러의 골에 힘입어 2-1 역전승을 거두며 기세 좋게 새 시즌을 시작했다. EPL 팬들은 바로 지난 시즌 맨유에 아쉽게 리그와 FA컵 우승을 모두 내준 아스널이 역전승을 거두는 모습을 보며, 새 시즌에도 두 팀의 치열한 경쟁이 이어질 것으로 예상했다.

그러나 시즌 초반에 치른 맨유, 리버풀과의 리그 경기에서 모두 패하며 6라운드 기준으로 리그 7위까지 처진 아스널은 지난 시즌에 비해 들쑥날쑥한 경기력을 보여 주며 1위 맨유에 승점 18점이 뒤진 2위로 시즌을 마무리했다. 리그컵과 FA컵에서도 아스널은 모두 4라운드에 탈락했다. 결과물 자체만 놓고 보면 팬들에게 분명 실망스러운 시즌이었다.

같은 시기에 아스널로 합류한 두 공격수 앙리와 수케르는 시즌이 진행되면서 정반대의 행보를 보였다. 당시 아스널 역대 최다 이적료를 기록하며 아스널 선수가 된 앙리는 첫 8경기에서 무득점에 그쳤지만 첫 골

은완코 카누

을 넣은 후로는 차츰 나은 활약을 펼치기 시작했고, 좋은 출발을 했던 수 케르는 시간이 지나면서 자신의 명성에 못 미치는 모습을 보였다.

그러나 이 시즌에 아스널 팬들의 마음을 사로잡았던 공격수는 위 두 선수도, 그보다 먼저 아스널에 입단했던 베르캄프도 아닌, '황금 독수리 (Golden Eagle)'라는 별명으로 불린 197cm의 장신 스트라이커 은완코 카누 였다.

앞선 1999년 2월에 아스널 유니폼을 입은 카누는 1999/2000시즌 내내 특유의 큰 키와 긴 다리에서 나오는 플레이로 멋진 골을 만들어 내 며 아스널 팬들을 환호케 했다. 그가 아스널에서 가진 모든 경기 중 최고 로 기억되는 경기도 이 시즌 중에 나왔다. 첼시와의 리그 경기에서 0-2 로 끌려 가던 후반전 막판 15분 동안 홀로 세 골을 터뜨리며 팀에 3-2

1999/2000시즌 UEFA컵 결승전 아스널 라인업

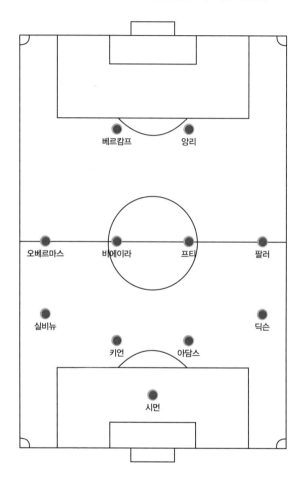

베르캄프   앙리

오베르마스   비에이라   프티   팔러

실비뉴   딕슨

키언   아담스

시먼

역전승을 안겨 준 것이다. 특히 세 골 중에서 첼시 골키퍼를 제친 후 사각에서 시도해 성공시킨 마지막 골 장면은 현재까지도 팬들의 뇌리 속에 뚜렷하게 남아 있다.

카누의 맹활약 외에 아스널의 이 시즌 가장 큰 하이라이트라면 역시 UEFA컵 결승전 진출이었다. 직전 시즌 리그 2위를 차지하며 챔피언스 리그에 진출한 아스널은 바르셀로나, 피오렌티나에게 B조 3위로 밀려서 다음 라운드에 진출하지 못하고 UEFA컵에 참가해야 했다.

UEFA컵에서 아스널은 낭트, 데포르티보, 베르더 브레멘, 랑스를 차례로 꺾은 후 결승전에서 터키의 명문 갈라타사라이와 맞대결을 펼쳤다. 연장전까지도 승부를 가리지 못한 양 팀은 승부차기를 맞이했다.

아스널의 1번 키커는 가장 경험이 풍부한 공격수인 수케르였으나 그가 실축을 하면서 아스널은 흔들리기 시작했다. 결국 갈라타사라이의 네 선수가 모두 승부차기를 성공시키는 사이에 패트릭 비에라마저 골을 넣지 못했고 경기는 갈라타사라이의 승리로 끝났다.

68 | 2000/2001시즌, 피레스의 입단과
리버풀과의 FA컵 결승전

벵거 감독의 부임 후 네 번째 시즌이었던 2000/2001시즌을 앞두고 아스널은 앙리, 베르캄프, 융베리 등과 함께 아스널 공격의 핵심을 담당하게 되는 또 하나의 퍼즐을 영입했다. 마르세유의 윙어 로베르 피레스가 바로 그였다. 프랑스 리그의 메츠, 마르세유 등에서 뛰며 잠재력을 인

로베르 피레스

정받고 있던 피레스는 아스널 입단 후 벵거 감독의 지도 아래 전성기를 맞이했다.

이 시즌 피레스 외에 아스널에 입단한 주요 선수로는, 이후 무패 우승 당시 오른쪽 풀백으로 활약한 로렌, 보르도에서 뛰었던 실뱅 윌토르, 그리고 브라질 리그의 코린티안스에서 뛰었던 에두 등이 있었다. 이런 선수들을 영입했음에도 불구하고 아스널은 이적료에 대해 별로 걱정할 필요가 없었다. 마크 오베르마스와 엠마누엘 프티가 바르셀로나로 떠나면서 남긴 이적료만 해도 3,000만 파운드를 넘었기 때문이다.

전 시즌 맨유에 승점 18점이나 뒤진 채 2위를 기록했던 아스널은 이 시즌에도 승점 10점이 뒤진 2위로 리그를 마무리하며 다소가 정체되는 모습을 보였다. 그런 그들에게 이 시즌 가장 큰 하이라이트는 전 시즌과 마찬가지로 컵대회에서의 활약이었다. 특히 챔피언스리그와 FA컵에서의 성과가 뚜렷했다.

챔피언스리그에서 8강까지 진출한 아스널은 발렌시아와의 1차전 홈경기에서 2-1로 승리를 거뒀지만 2차전 원정에서 0-1 패배를 당하며 원정 다득점 원칙에 의해 탈락했다.

아스널이 더 좋은 활약을 펼쳤지만 아쉽게 우승 타이틀을 놓친 것은 FA컵에서였다. 아스널은 첼시, 토트넘 등을 차례로 꺾고 결승에 진출해 리버풀을 만났다. 후반 27분 융베리의 골로 앞서 나가던 아스널은 후반전 종료 10분을 남기고 터진 '원더보이' 마이클 오웬의 두 골로 역전패를 당하며 우승 트로피를 들어 올리는 데 실패했다.

그나마 이 시즌 아스널의 작은 위안은 벵거 감독이 전 시즌에 직접 데려온 티에리 앙리의 발전이었다. 앙리는 이 시즌 합산 22골을 기록하며 일취월장하여 벵거 감독의 눈이 틀리지 않았음을 증명했다.

69 | 2001/2002시즌, 벵거의 두 번째 더블과
아스널의 터닝 포인트

2001/2002시즌은 아스널에게 아주 중요한 의미를 갖는 시즌이었다. 아스널 부임 2시즌 만에 팀에 더블을 안겨 주며 그 후로 승승장구할 것처럼 보였던 벵거 감독이 3시즌 연속으로 리그 우승을 놓치자, 잉글랜드 언론에서는 비싼 이적료를 받으며 아넬카, 오베르마스, 프티 등을 내보낸 아스널이 '셀링클럽'이 됐다며 이대로는 맨유와 경쟁할 수 없을 거라

는 비판을 쏟아 내기 시작했다. 벵거 감독이나 아스널 모두에게 이 시즌은 반드시 전세를 뒤집어야만 하는 아주 중요한 시즌이었다.

이 시기 아스널이 해결해야 할 또 하나의 문제는, 벵거 감독의 지휘 아래 유럽 최고의 미드필더로 성장한 패트릭 비에이라를 향한 유럽 명문 클럽들의 관심을 뿌리치고 그를 아스널에 잔류시키는 일이었다. 당시 25세였던 비에이라에게 레알 마드리드, 유벤투스는 물론 퍼거슨 감독의 맨유까지 관심을 보이고 나섰고, 그의 미래는 한동안 불투명한 상태에 놓였다. 그런 그를 두고 일부 잉글랜드 언론에서는 비에이라가 팀을 떠나고 싶다는 의사를 밝혔다고 보도하기도 했다.

결국 그런 상황을 정리하고 나선 것은 비에이라 본인이었다. 그는 2001년 8월 BBC와의 인터뷰에서 다음과 같이 말했다.

> 나에게 관심을 보인 구단들은 모두 위대한 클럽들이었다. 실제로 아스널을 떠나는 것에 대해 생각해 본 것은 사실이다. 그러나 그 어떤 팀의 감독과도 따로 만나 본 적은 없다. (중략)
> 결국 내가 잔류를 결정한 이유는 이 클럽이 더 높은 목표를 함께 달성할 수 있다고 믿었기 때문이다. 우리는 챔피언스리그에서 더 높은 단계까지 올라가거나 리그 우승을 차지할 수 있는 능력을 갖고 있다.

아스널에는 이미 앙리, 베르캄프, 카누, 피레스, 융베리, 윌토르 등으로 이어지는 훌륭한 공격 자원이 있었다. 벵거 감독이 리빌딩을 위해 나선 부분은 수비였다. 조지 그레엄 감독 시절부터 벵거 감독 부임 초기까지 아스널에서 뛰었던 '철의 포백'은 이미 나이가 30세를 넘어 팀을 떠났거나 은퇴를 바라보고 있었다.

그런 상황 가운데 벵거 감독은 여름 이적시장에서 토트넘의 핵심 수비수이자 당시 잉글랜드에서 가장 주목받던 솔 캠벨을 영입하는 한편, 겨울 이적시장에는 잉글랜드는 물론 유럽 축구계에서 거의 알려진 바가 없었던 콜로 투레를 영입하며 추후 아스널의 뒤를 책임질 수비진을 구축하기 시작했다. 왼쪽 풀백으로는 유소년 팀에서 성장한 애슐리 콜이 이 시즌부터 완전한 주전으로 자리 잡았고, 오른쪽 풀백에는 애초에 미드필더로 아스널에 입단했던 로렌이 위치했다. 이 네 명이 축을 이루는 새로운 수비진에 더해 경험이 풍부한 토니 아담스, 리 딕슨, 마틴 키언 등 베테랑 수비수들이 힘을 보태자, 아스널의 수비는 또 다른 훌륭한 수비진으로 거듭나게 되었다.

지난 두 시즌간 꾸준히 발전하는 모습을 보였던 앙리는 이 시즌 리그에서만 32골을 터뜨리며 마침내 EPL 최고의 공격수로 완전히 올라섰고, 그와 공격에서 짝을 이룬 데니스 베르캄프와 실뱅 윌토르 역시 리그에서 두 자리 수 골을 기록하며 아스널 공격에 힘을 보탰다. 양 날개를 담당했던 융베리와 피레스 역시 각각 리그에서 17골과 13골을 터뜨렸다. 한 시즌에 다섯 명의 선수가 리그에서 두 자리 숫자의 골을 터뜨린 것이다.

이런 공수의 조화 속에 아스널은 그들을 둘러싼 우려를 불식시키고 12월부터 5월까지 무패를 기록한 덕분에 2위 리버풀보다 7점, 3위 맨유보다 10점이 높은 승점 87점으로 리그 우승을 차지했다. 그 중에는 2월

실뱅 윌토르

10일 에버튼전부터 리그 최종전까지 기록한 리그 13연승도 포함되어 있었다.

이 시즌 아스널에게 특히 기념할 만한 일은 앞선 몇 시즌 동안 항상 우승 경쟁을 펼쳤던 맨유를 상대로 그들의 홈 올드 트래포드에서 승리를 거두며 우승을 확정 지었다는 것이었다. 2002년 5월 8일 열린 양 팀의 경기는 윌토르의 결승골로 아스널이 1-0 승리를 거두며 종료되었다. 이후 벵거 감독은 언론과의 인터뷰에서 이날 승리와 이 시즌의 우승이 잉글랜드 축구계에서 일어난 '힘의 이동'을 보여 주는 것이라며 자신만

만한 발언을 하기도 했다.

이 시즌 아스널의 환상적인 경기력은 FA컵에서도 이어졌다. 아스널은 리버풀, 뉴캐슬 등을 꺾고 진출한 FA컵 결승전에서 라니에리 감독이 이끄는 첼시를 2-0으로 꺾고 벵거 감독의 두 번째이자 클럽 역사상 세 번째 더블을 달성했다.

이 시즌 더블의 주인공 아스널은 벵거 감독이 올해의 감독상, 융베리가 올해의 선수상, 피레스가 기자들이 선정한 올해의 선수상을 차지한 데 이어 앙리가 득점왕을 차지하는 등 모든 면에서 압도적인 모습을 보여 주며 뒤이어질 더 큰 성공을 예고했다.

70 | '미스터 아스널'
토니 아담스

14년간 아스널의 주장으로 활약. 80년대, 90년대, 2000년대 3세대에 걸쳐 669경기에 출전해 10개 메이저 대회 우승. '미스터 아스널'이 아스널의 역대 베스트 11에 선정되는 것은 놀라운 일이 아니다.
—아스널 공식 홈페이지

-

수비의 교수 —아르센 벵거 감독

어느 팀에나 팬들이 자랑스러워하는 '원클럽맨' 혹은 '미스터 첼시', '미스터 리버풀', '미스터 맨유' 등으로 불리는 존재들이 있다. 21세기의

에미레이츠 스타디움 내부에 전시된 당시 토니 아담스를 다룬 신문 기사

잉글랜드 축구계에서 그런 존재들이라 하면 대체로 제라드, 스콜스와 긱스, 존 테리 등을 연상하는 팬들이 많을 것이다.

아스널에도 그런 존재가 있었다. 아스널 유소년 팀 출신으로 은퇴 전까지 오직 아스널에서만 뛰었고, 1980년대부터 2000년대에 이르기까지 각기 다른 세 세대에 활약하며 우승컵을 들어 올렸던 전설적인 주장. 그런 의미에서 아스널의 토니 아담스는 AC 밀란의 파올로 말디니와 비슷한 존재였다고 할 수도 있을 것이다.

17세였던 1983년, 1군 경기에 데뷔한 아담스는 이후 1998년 21세의 나이로 아스널 최연소 주장에 임명된 후 은퇴할 때까지 14년 동안 주장 완장을 차고 활약했다.

토니 아담스의 플레이스타일은 현대 축구팬들에게 익숙한 존 테리와 비슷한 면이 많다고 할 수 있을 것이다. 190cm에 가까운 큰 신장, 볼을 막기 위해 몸을 내던지는 용맹한 수비, 강력한 리더십, 그리고 수비수라고 믿기 힘들 정도로 많은 골을 넣었다는 점 등에서 두 사람은 유사하다. 존 테리는 2017년 영국 언론과의 인터뷰에서 같이 뛰어 보고 싶었던 수비수로 파올로 말디니와 함께 토니 아담스를 꼽기도 했다.

아담스는 아스널에서 뛰는 동안 669경기에서 48골을 넣었다. 특히 1997/1998시즌 에버튼전에서 최전방으로 침투해 들어가 스티브 보울드의 로빙 패스를 이어받아 터뜨린 왼발 슈팅은 그 시즌 아스널의 우승을 확정 지었다. 이 골은 그런 상황뿐 아니라 골 자체의 퀄리티, 그리고 그 경기를 중계한 영국의 대표 해설자 마틴 타일러의 유명한 코멘트("저 골이 모든 것을 함축하고 있다")로 인해 잉글랜드 축구계에서 두고두고 회자되는 명장면이다. 마틴 타일러는 이후 그 중계 코멘트에 대해 그 시즌 아스널의 창의적인 스타일과 그로 인한 우승을 주장이자 최종 수비수인 아담스의 골이 상징적으로 보여 주는 것 같아 그렇게 표현했다고 설명했다.

아담스는 의심할 여지 없는 당대 최고의 수비수였지만, 사생활 문제

에미레이츠 스타디움을 지키고 선 토니 아담스의 동상

로 인해 더 큰 빛을 볼 수도 있었던 가능성을 스스로 잃어 버린 부분이 존재했다. 고질적인 알코올 중독 문제와 음주 운전으로 장기간 복역을 해야 했던 일 등이 그것이었다.

그의 그런 알코올 중독이나 사생활적인 부분은 선수단의 식단까지 꼼꼼하게 바꾼 뱅거 감독의 아스널 부임과 함께 많은 부분 해결이 되었다. 실제로 영국 언론에서는 아담스가 뱅거 덕분에 선수 생활을 몇 년은 더 할 수 있었다고 평가하곤 한다.

그럼에도 불구하고 뱅거 감독 아래서 뛰었던 레전드들 중 뱅거에 대해 가장 비판적인 시선을 가진 선수가 아담스라는 것은 묘한 부분이다.

언론에 조지 그레엄 감독과 아르센 벵거 감독을 비교하는 코멘트를 했다가 논란을 일으킨 적도 있었다.

아담스는 여전히 아스널 팬들이 사랑하는 레전드이자 아스널 구단에서도 가장 높게 평가하는 '원클럽맨'이다. 아스널의 홈구장 에미레이츠 스타디움을 둘러싸고 있는 네 개의 동상 중 하나가 아담스의 것이라는 것은 그런 사실을 잘 보여 준다. 미래에 벵거 감독이 떠난 이후에 아담스와 아스널이 어떤 관계를 다시 맺게 될지를 지켜보는 일도 흥미로울 것이다.

71 | 2002/2003시즌
2년 연속 FA컵 우승

1990년대 후반에서 2000년대 초반까지 벵거 감독과 경쟁을 벌인 맨유의 퍼거슨 감독은 우승을 놓치면 그 다음 시즌에 더욱 강력해져서 돌아오는 것으로 유명했다. 가장 대표적인 것이 1998/1999시즌의 트레블 달성이었다. 그 바로 전 시즌, 퍼거슨 감독의 맨유는 아스널에게 리그와 FA컵 트로피를 모두 넘겨 주었는데, 바로 다음 시즌에는 그 두 대회를 나란히 석권하고 뒤이어 챔피언스리그 우승컵까지 들어 올리는 데 성공했다.

2001/2002시즌 아스널에 리그 우승을 허용한 퍼거슨 감독은 다시 한 번 우승컵을 되찾아오기 위해 이를 갈았고, 반대로 벵거 감독은 지키기에 나섰다. 결국 이 시즌 리그 우승의 영광은 퍼거슨 감독의 맨유에게

로, FA컵 2년 연속 우승의 쾌거는 아스널에게로 돌아갔다.

　새 시즌을 앞두고 벵거 감독은 은퇴한 아담스 대신 비에이라를 주장으로 임명했다. 브라질 출신의 미드필더 질베르투 실바, 프랑스의 수비수 파스칼 시강 등을 추가 영입한 벵거 감독은 지난 시즌의 여세를 몰아 리그 9라운드까지 7승 2무를 기록하며 기세 좋게 새 시즌을 시작했다. 그 후 아스널은 10라운드에서 에버튼에 패배를 당한 후에도 3월까지 리그 선두를 지키다가 리그 후반기에 무섭게 쫓아온 맨유에 추격을 당했다. 그리고 결국 아스널은 36라운드에서 리즈 유나이티드에 2-3 패배를 당하며 맨유에 리그 우승을 내주게 되었다. 리즈로서는 본의 아니게 몇 시즌 전과 마찬가지로 '장미전쟁'의 라이벌 맨유의 우승을 또 한 번 도와 준 격이었다.

　36라운드에서 리즈에 패하고 난 바로 다음 경기에서 아스널은 로베르 피레스와 저메인 페넌트 두 선수가 해트트릭을 기록하는 가운데 사우스햄튼에 6-1 대승을 거뒀다. 이때만 해도 이 경기가 현재까지도 EPL 최고 기록으로 남아 있는 '49경기 리그 연속 무패' 기록의 시작이 될 거라고 예상한 사람은 아무도 없었다.

　리그에서 맨유에게 우승을 내준 아스널은 FA컵에서는 옥스포드 유나이티드, 팬버러타운, 맨유, 첼시, 셰필드 유나이티드를 꺾고 결승에 진출해 사우스햄튼과 만났다. 그리고 결승전에서 1-0 승리를 거두며 2년 연속 FA컵 우승을 차지했다. 결승골의 주인공은 지난 시즌에 이어 최고의 활약을 보여 준 로베르 피레스였다. 피레스는 이 시즌 리그에서만 14골, 모든 대회를 통틀어서는 16골을 기록했다.

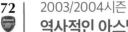
역사적인 아스널의 무패 우승

한 시즌 동안 패배를 당하지 않는 것은 어려운 일이겠지만 우리는 할 수 있다. 나는 이 선수단에 아주 큰 믿음을 갖고 있다. AC 밀란이 이미 그 일을 해낸 적이 있는데 우리라고 왜 할 수 없다는 건지 이해할 수 없다. ─아르센 벵거 감독, 2002년 9월 21일 영국 언론과의 인터뷰에서

2003/2004시즌 아스널이 달성한 무패 우승의 위업은 아스널을 상징하는 한 장면이자 전 세계의 축구팬들에게 지금까지 기억되고 있다. 그러나 그들의 무패 우승 뒤에는 상대적으로 덜 알려진 사실도 하나 있다. 한 시즌 전인 2002/2003 시즌 중 아스널이 27경기 무패를 달리며 리그 선두에 올라 있던 9월에 이미 벵거 감독이 '한 팀이 리그에서 무패를 달성하는 것이 가능하다'고 언급한 적이 있다는 사실이다. 당시 잉글랜드 언론에서는 그의 이 발언에 대해 조롱을 쏟아 냈고 실제로 그 인터뷰 후 얼마 지나지 않아서 아스널은 에버튼에 패했다. 그러나 그의 말은 그 다음 시즌에 정말로 현실이 되었다.

2003/2004시즌을 앞두고 아스널은 골키퍼 얀스 레만, 그리고 젊은 수비수들인 필리페 센데로스, 요한 주루, 가엘 클리시 등을 영입했다. 바르셀로나에서 세스크 파브레가스를 데려온 것도 이 시즌이었다. 그리고 2004년 겨울에는 약 1,000만 파운드를 투입해 세비야로부터 레예스를 영입하며 공격진에도 보강을 가했다. 이들 중 레만은 그 즉시 프리미어리그 전 경기 출전을 포함해 팀의 핵심 골키퍼로 자리매김했고, 파브레

2003/2004시즌, 무패 우승의 위업을 달성한 아스널 선수단

가스, 클리시 등은 이후 점점 아스널의 중심 선수들로 자리 잡게 된다.

　이 시즌은 아스널 외부에서도 큰 변화가 있었는데, 로만 아브라모비치 구단주가 첼시를 인수하며 천문학적인 비용을 투자해 프리미어리그에 일대 격변을 일으킨 것이 바로 이 시즌이었다. 실제로 이 시즌은 아스널과 맨유 양 팀이 1, 2위를 나눠 차지하던 양강 체제를 깨뜨리고 첼시가 리그 2위에 오르며 이후에 다가올 변화를 암시하고 있었다.

　벵거 감독은 이 시즌을 앞두고 프리 시즌 중에 콜로 투레와 솔 캠벨 두 명을 중앙 수비 파트너로 기용하는 실험을 한 끝에 이 시즌 내내 그 두 사람을 중심으로 수비진을 구축했다. 특히 투레의 경우 이 시즌 리그에서 35경기를 뛴 캠벨보다도 많은 37경기(36경기 선발 출전)에 출전했는데,

이는 투레가 아스널에 입단하기 전까지 완전히 무명에 가까운 선수였다는 점을 감안하면 대단한 발전이었다고 할 수 있다.

2003년 8월 16일, 아스널은 앙리와 피레스의 골로 에버튼을 2-1로 꺾고 무패 우승을 향한 막을 올렸다. 그 후로 아스널은 미들스브로, 아스톤 빌라, 맨시티에 4연승을 거두며 쾌조의 시작을 했는데 이후 포츠머스 전에서 1-1로 비긴 후 맨유 원정을 떠나게 되었다.

이 시즌, 아스널의 무패 우승이 무산될 뻔한 가장 큰 위험은 바로 이 경기에서 나왔다. 우승 경쟁자인 양 팀의 맞대결에서 후반 40분경 비에이라가 경고 누적으로 퇴장을 당했고, 종료 직전에는 맨유의 반 니스텔루이에게 페널티 킥을 내주고 말았다. 그 시점에서 양 팀의 스코어는 0-0. 반 니스텔루이가 페널티 킥을 성공시킨다면 아스널은 무패 우승은 커녕 시즌 초기 우승 경쟁에서 뒤처질 수도 있는 상황이었다.

그러나 반 니스텔루이가 찬 페널티 킥은 크로스바를 맞히며 노골이 됐고, 그 직후 아스널 수비수 마틴 키언이 반 니스텔루이에게 달려들어 거의 그를 가격할 것 같은 제스처를 취하는 모습은 지금까지도 프리미어리그 팬들 사이에 널리 회자되고 있다. 키언과 아스널 선수들은 앞선 비에이라의 퇴장 장면에서 반 니스텔루이가 오버액션을 취했다고 생각했고, 그로 인해 양 팀 선수들 사이에 몸싸움이 벌어지면서 두 팀은 경기 후 FA로부터 거액의 벌금을 물게 되었다.

아스널이 또 한 번 패할 뻔했던 경기는 그로부터 3주 후 리버풀의 홈 안필드에서 열렸다. 이 경기에서 아스널은 전반 14분 만에 해리 키웰에게 골을 내주며 불안한 출발을 보였다. 그러나 히피아의 자책골로 동

토트넘의 홈에서 리그 우승을 확정 지은
아스널의 소식을 다룬 신문 기사

점을 이룬 아스널은 후반전에 피레스의 결승골로 안필드 원정에서 2-1
승리를 거두었다. 바로 이어진 경기였던 첼시전에서도 앙리의 결승골로
2-1 승리를 차지하는 등, 아스널은 맨유, 리버풀, 첼시를 모두 상대한 9
라운드까지 7승 2무를 기록했다.

　그 이후 아스널은 그야말로 파죽지세였다. 이 시즌 아스널에게는 흡
사 퍼거슨 감독이 이끌던 전성기의 맨유처럼 '저 팀은 지고 있더라도 분
명히 뭔가 해낼 만한 팀'이라는 느낌이 있었다. 선수들에게서도 그런 자
신감이 뿜어져 나왔다.

그들은 26라운드에서 또 한 번 첼시를 만나 전반 시작과 동시에 구드욘센에게 골을 내주며 0-1로 끌려 갔지만 비에이라와 에두의 골로 다시 2-1 역전승을 이끌어 냈다. 그리고 무패 우승의 대단원을 장식한 마지막 레스터 시티전에서도 전반 26분 만에 선제골을 내줬지만 앙리와 비에이라의 골로 역전승을 거두며 마침내 역사적인 대업을 달성했다. 시즌 종료 시점에 1위 아스널은 2위 첼시보다 승점 11점이 많은 26승 12무를 기록했다. 3위 맨유보다는 15점, 4위 리버풀보다는 30점이 더 많은 승점이었다.

한편, 이 시즌 아스널의 가장 큰 아쉬움은 자신들의 기량이 절정에 다다랐던 이 시즌 챔피언스리그 8강에서 라니에리 감독의 첼시에 합산 스코어 2-3으로 패하며 탈락해 버린 것이었다. 그러나 챔피언스리그 조별 리그 인터 밀란 원정에서 아스널은 앙리가 넣은 두 골로 5-1 대승을 거두는 등, 그들이 유럽 무대 패권에도 도전할 수 있는 팀이 되었음을 전 유럽에 널리 알렸다. 아직 세리에 A가 세계 최고의 리그라는 인식이 남아 있던 2000년대 초 인터 밀란 홈구장에서 거둔 5-1 승리는 지금까지도 아스널 팬들이 가장 자랑스러워하는 경기 중 하나이다.

73 | 2004/2005시즌
또 한 번의 FA컵 우승과 무리뉴의 등장

2004/2005시즌, 아스널은 골키퍼 알무니아, 수비수 에보우에, 미드필더 플라미니를 영입하고 새 시즌을 시작했다. 그들은 9라운드까지 8

승 1무라는 완벽한 성적과 함께 리그에서 49경기 무패 행진을 이어 갔지만, 맨유와의 10라운드 경기에서 반 니스텔루이와 루니에게 골을 내주며 무패 기록이 중단된 후로 급격하게 흔들리기 시작했다.

이 경기에서 반 니스텔루이의 첫 골은 솔 캠벨이 루니에게 시도한 태클 때문에 허용한 페널티 킥에서 나왔는데, 이 장면에서 나온 루니의 다이빙 논란은 현재까지도 이어지고 있다. 그 경기가 끝난 후 아스널 선수들이 퍼거슨 감독에게 피자를 던진 그 유명한 '피자 게이트' 사건이 터졌고, 벵거 감독은 이례적으로 루니의 다이빙과 주심을 비판하며 벌금을 물었다.

맨유전 이후 이어진 사우스햄튼, 크리스탈 팰리스와의 경기에서 모두 비기며 승점 4점을 잃은 아스널은, 직후 열린 토트넘 원정경기에서 5-4 승리를 거두며 기세를 올리는가 싶었으나 다시 다음 웨스트 브롬전에서 비긴 후 베니테즈 감독의 리버풀에 패하며 이미 리그 선두로 치고 나선 첼시와의 우승 경쟁에서 뒤처지기 시작했다. 그리고 이 시즌 단 1패만을 기록하며 승점 95점을 획득한 첼시에 끝내 리그 우승 타이틀을 내주었다.

이 시즌 아스널이 그나마 거둔 작은 위안은, 그들의 입장에서는 루니의 다이빙으로 '부당하게' 50경기 무패 기록을 좌절시킨 그 맨유를 상대로 FA컵 우승을 차지했다는 것이었다. 아스널은 이해 FA컵에서 스토크 시티, 울버햄튼, 셰필드 유나이티드, 볼튼, 블랙번 로버스를 꺾고 결승전에서 맨유를 만났다.

양 팀은 팽팽한 승부 끝에 0-0으로 우승팀을 가리지 못하고 승부차기에 돌입했다. 양 팀의 첫 키커 반 니스텔루이와 로렌은 모두 골을 성공시켰다. 그러나 맨유의 두 번째 키커였던 스콜스가 실축하며 아스널에 유리하게 이어진 승부차기에서 아스널의 우승을 확정 짓는 마지막 슈팅을 성공시킨 주인공은 아스널의 주장 패트릭 비에이라였다. 아주 묘하게도, 그 승부차기 슈팅은 비에이라가 아스널에서 가진 마지막 볼 터치였다.

한편, 2003/2004시즌 로만 아브라모비치 구단주의 등장으로 인해 10여 년간 프리미어리그 중상위권을 계속 오가던 첼시는 단번에 리그 2위를 차지했다. 아브라모비치의 첼시 인수 이전에 이미 첼시를 이끌고 있던 라니에리 감독은 팀을 리그 2위, 챔피언스리그 4강으로 이끌었지만 새 구단주의 야심을 만족시키기엔 역부족이었다. 결국 그는 그 시즌을 끝으로 첼시를 떠났고, 이후 레스터 시티를 이끌고 프리미어리그 우승을 거둔 후에야 비로소 재평가를 받을 수 있었다.

아스널의 입장에서는 하필 무패 우승을 달성한 바로 그 시기에 아브라모비치 구단주가 첼시를 인수하면서 프리미어리그 전체에 지각 변동이 왔다는 것이 지극히 불운한 일이었다. 만약 그런 거대 외부 자본의 투입 없이 전과 같은 맨유 대 아스널의 양강 체제가 이어졌다면, 아스널의 무패 우승 스쿼드는 더 지속적인 성과를 이뤘으리라고 예측해 보는 것도 큰 무리는 아니다.

벵거 감독에게 더 큰 타격은, 아브라모비치 구단주가 첼시를 유럽 최고로 만들겠다며 영입한 새 감독이 벵거의 축구 철학과는 완벽히 대조되는 스타일을 보유한 인물이자, 아주 오랜 시간 맞대결에서 한 번도 이기지 못한 징크스를 안겨 주는 주제 무리뉴였다는 것이다. 무리뉴는 첼시 감독 부임 기자 회견에서 본인을 스스로 '스페셜 원'이라고 부른 것을 시작으로, 그 시즌 첼시를 이끌고 아스널이 무패 우승 시 달성했던 승점(90점)보다도 더 높은 승점(95점)을 거두며 리그 우승을 달성했다.

이 시즌을 기점으로 아스널과 맨유의 양강 체제는 무너지고 무리뉴 감독의 첼시, 베니테즈 감독의 리버풀까지 네 팀이 각축을 벌이는 이른 바 '빅4'의 시대가 열리게 되었다.

74 | 아스널 레전드
패트릭 비에이라

벵거 감독과 함께 아스널을 바꾼 선수 —아스널 공식 홈페이지

비에이라는 10년도 전에 아스널을 떠났지만 현대의 아스널 팬들에게도 아주 익숙한 선수다. 그것은 그의 존재감이 그만큼 강했던 이유도 있겠지만, 반대로 아스널이 오랫동안 그와 같은 선수를 찾지 못했기 때문이기도 하다. 비에이라가 아스널을 떠나 유벤투스에 입단한 후로, 아스널에 리더십 문제, 강한 미드필더의 부재 문제가 불거질 때마다 영국 언론은 비에이라의 이름을 거론하곤 했다. 그것은 비에이라가 그 둘 모두를 아스널에 충족시켜 줬던 선수라는 증거이기도 하다.

193cm의 신장에 피워풀한 플레이, 상대 선수들의 볼을 너무나 자연스럽게 빼앗아 자신의 동료에게 연결하는 수비 기여 능력, 그리고 강인

해 보이는 겉모습 탓에 과소평가받는 뛰어난 패스 능력을 비롯한 공격적 기량 등 미드필더로서 모든 재능을 갖고 있던 그는 벵거 감독이 아스널에 부임하기도 전에 구단에 영입을 요청했던, 벵거의 비공식적인 첫 영입 작품이었다. 그 후로 한동안 벵거 감독의 뛰어난 선수 영입 능력이 찬사를 받을 때마다 항상 거론되던 이름이 다름아닌 비에이라였다.

벵거 감독과 비에이라의 인연은 비에이라가 17세에 처음 프로 선수로 데뷔했던 클럽인 칸과 AS 모나코의 맞대결 중 벵거 감독이 그의 재능을 알아보면서 시작되었다. 벵거 감독은 그 후로 비에이라를 영입할 기회를 노리고 있다가 AC 밀란에서 적응에 문제를 겪고 있던 그를 아스널로 데려오는 데 성공했다. AC 밀란 시절 1군 경기에 단 두 차례 출전했던 그는 벵거 감독의 지도 아래 아스널에서 보낸 첫 시즌, 모든 대회를 통틀어 38경기에 나서며 단숨에 팀의 핵심 미드필더로 거듭났다.

비에이라에 대해 언급할 때 빼놓을 수 없는 것이 그가 아스널에서 활약하는 동안 맨유의 주장 로이 킨과 형성했던 라이벌 관계, 혹은 신경전이었다. 아스널과 맨유가 프리미어리그의 패권을 양분하고 있던 시절 양 팀은 만날 때마다 격렬한 몸싸움을 벌이며 거친 경기를 펼쳤는데, 아스널에서는 비에이라가, 맨유에서는 로이 킨이 각 팀 선수들을 보호하고 대신 '싸워 주는' 역할을 했다. 아스널에서 그런 주장의 모습은 비에이라 이후로 오랫동안 찾아보기 힘들었다.

비에이라는 현재까지도 프리미어리그 역사상 가장 뛰어난 미드필더 중 한 명으로 항상 거론된다. 그는 종종 그보다 약 10년 후에 프리미어리그에서 활약한 맨시티의 야야 투레와 비교되곤 하는데, 실제로 야야 투레가 맨시티에서 보여 준 전성기 시절은 비에이라가 아스널에서 주장으로 활약할 때의 모습을 연상시키는 면이 있다. 거대한 피지컬, 수비형 미드필더임에도 불구하고 뛰어난 패스 능력, 골 결정력 등등이다.

그러나 야야 투레가 가장 좋은 활약을 펼치던 시절에조차 영국 언론에서 종종 발표하는 프리미어리그 역대 최고의 미드필더 랭킹에서는 비에이라가 투레보다 대부분 높은 순위를 차지했다. 여기서 비에이라가 얼마나 대단한 미드필더였는지를 가늠해 볼 수 있을 것이다.

2005~2013년
애쉬버튼 그로브
프로젝트와 무관 행진

—

아스널이 무패 우승과 49경기 무패 행진으로 전성기를 구가하던 사이에 새 경기장 건축을 위한 '애쉬버튼 그로브 프로젝트'는 아스널의 재정 상황에 점점 악영향을 끼치기 시작한다. 결국 앙리와 데이비드 딘 부회장이 떠난 2007년을 전후로 벵거 감독은 팀 운영에 큰 변화를 준다. 2007/2008시즌 '영거너스'를 기점으로 하여 유망주들을 이끌고 우승을 노린 아스널은 소극적인 이적 정책과 경험 많은 선수의 리더십 부재 속에 우승의 문턱을 넘어서지 못하고 긴 무관의 행진을 이어간다.

Chapter7.

애쉬버튼 그로브
프로젝트와 무관 행진
2005~2013년

75 | 2005/2006시즌, 구단 역사상
첫 챔피언스리그 결승전 진출과 석패

2005/2006시즌은 아스널에게 여러모로 뜻깊은 시즌이었다. 이 시즌은 1913년부터 아스널이 홈구장으로 사용해 왔던 하이버리 스타디움에서 보낸 마지막 시즌이었다. 또 아스널이 구단 역사상 처음으로 챔피언스리그(유러피언컵 포함) 결승에 진출했던 시즌이기도 했다. 그리고 장기적으로는 이후 이어질 수년간의 무관 행진이 시작된 시즌이었다.

홈구장 이전을 위한 '애쉬버튼 그로브 프로젝트'가 한창 진행되고 있던 이 시즌 아스널의 선수단에는 큰 변화가 있었다. 우선 팀의 주장이었던 비에이라가 유벤투스로 떠났고, 벵거 감독은 여름 이적시장에서 덴마크 출신의 유망주 공격수 니클라스 벤트너, 분데스리가에서 활약하던 알렉산더 흘렙을 영입한 데 이어 1월에는 시오 월콧, 엠마누엘 아데바요르, 아부 디아비 등을 영입했다.

하이버리에서 보낸 마지막 시즌 아스널의 리그 성적은 그리 좋지 못했다. 아스널은 2라운드 첼시 원정에서 패한 것을 시작으로 12월에는 첼시를 홈으로 불러들여서도 패배했고, 리그에서만 11패를 당했다. 리그 마지막 경기를 앞두고는 벵거 감독 부임 후 처음 4위 아래로 리그 순위가 떨어질 위기에 처했다. 최종전을 앞둔 시점에서 4위는 승점 65점의 토트넘, 5위는 승점 64점의 아스널이었다. 토트넘이 리그 마지막 경기에서 승리한다면 아스널은 마지막 경기를 이기더라도 5위에 그치게 되는 상황이었다.

아스널에 뜻밖의 선물을 안겨 준 것은 웨스트햄이었다. 웨스트햄이 리그 최종전에서 토트넘에 2-1 승리를 거두면서 하이버리에서의 마지막 경기를 4-2로 승리한 아스널이 승점 2점 차이로 4위를 차지, 다음 시즌 챔피언스리그 진출권까지 손에 넣게 된 것이다. 최종전만 이기면 아스널을 제치고 챔피언스리그에 진출할 수 있었던 토트넘은 경기를 앞두고 먹은 라자냐로 인해 선수단 전체가 식중독 증세를 보이기도 했는데, 그로 인해 '라자냐 게이트'라는 표현이 탄생해서 오늘날까지 전해지고 있다.

이날 웨스트햄의 결승골을 기록한 주인공은 훗날 아스널에서도 임대 선수로 활약하는 요시 베나윤이었다. 한편, 아스널의 '킹' 앙리는 하이버리에서의 마지막 경기에서 해트트릭을 터뜨린 후 그라운드에 입을 맞추는 세리머니로 팬들의 환호를 이끌어 냈다.

그해 리그, 리그컵(준결승 탈락), FA컵(4라운드 탈락)에서는 모두 기대 이하의 성적을 보인 아스널이었지만 챔피언스리그에서는 전혀 달랐다. 아스널은 조별 리그에서 5승 1무 0패의 압도적인 기록으로 진출한 16강에서 레알 마드리드를 만났다. 1차전은 레알 마드리드의 홈 산티아고 베르나베우에서 열렸는데, 이 경기에서 앙리가 중원 단독 돌파 이후에 터뜨린 골은 지금까지도 챔피언스리그 역사상 가장 멋진 골 중 하나로 회자되고 있다. 이 골은 1, 2차전을 통틀어 양 팀의 유일한 골이었고, 아스널은 그렇게 레알 마드리드를 꺾고 챔피언스리그 8강에 진출했다.

아스널의 8강 상대는 이탈리아의 강자 유벤투스였다. 아스널은 유벤투스를 상대로도 1, 2차전 모두 한 골도 내주지 않고 앙리와 파브레가스의 골에 힘입어 4강에 진출했다. 비야레알과 맞붙은 4강에서 역시 아스널은 단 한 골도 실점하지 않고 합산 스코어 1-0으로 승리하며 결승전에 진출했다. 비야레알과의 2차전에서 아스널은 페널티 킥을 내주기도 했는데, 후안 리켈메가 시도한 페널티 킥을 얀스 레만이 막아 내면서 팀의 결승행에 결정적인 공헌을 하기도 했다.

대망의 챔피언스리그 결승전을 앞두고 가장 인상적인 기록은 아스널이 조별 리그 3라운드부터 준결승 2차전까지 10경기 동안 무실점을 기록했다는 것이었다. 완벽한 수비 조직력에 앙리가 이끄는 공격까지, 아스널로서는 이때야말로 챔피언스리그 우승을 차지할 적기였다고 볼 수 있다.

그들의 결승전 상대는 바르셀로나였다. 레이카르트 감독의 지휘 아래 리빌딩에 성공한 바르셀로나는 지울리, 호나우지뉴, 에투의 스리톱으로 나섰다. 아스널은 은퇴를 앞두고 있던 베르캄프 대신 융베리가 앙리 아래에 처진 공격수로 출전했다.

그러나 아스널의 사기는 전반 18분 만에 허무하게 꺾이고 말았다. 에투의 침투를 막기 위해 페널티 박스 바로 바깥에서 몸을 던진 레만의 팔이 에투의 다리를 건드려 에투가 넘어진 상황에서 주심이 레드 카드를 꺼낸 것이었다. 뜻밖의 상황에 벵거 감독은 피레스를 빼고 알무니아 골키퍼를 투입했는데, 오랫동안 아스널에서 핵심 선수로 활약했던 피레스는 이 결정을 쉽게 받아들일 수 없었다.

그러나 아스널은 전반 37분 세트피스 상황에서 집중력을 발휘하며 한 명이 부족한 상황에서도 1-0으로 앞서 나가기 시작했다. 푸욜이 에보우에에게 페널티 박스 우측면에서 범한 파울로 얻은 프리킥 상황에서 앙리가 이어 준 볼을 솔 캠벨이 정확한 헤딩 슈팅으로 연결하여 선제골을 터뜨린 것이었다. 전반전은 그대로 1-0으로 종료되었다. 아스널에겐 이제 챔피언스리그 우승을 차지하는 데 45분 만이 남아 있었다.

아스널은 이후 후반전 30분간 바르셀로나의 맹공이 이어지는 상황에서도 잘 버텼다. 그러나 후반전에 레이카르트 감독이 꺼내 든 세 장의 교체 카드(이니에스타, 라르손, 벨레티)가 모두 적중하며 아스널은 결국 1-2 역전패를 당하고 말았다. 이날 바르셀로나의 동점골은 이니에스타, 라르손을 서쳐 에투의 발에서 나왔고, 역전골은 벨리티아 라르손이 패스를 주고받은 끝에 벨레티가 마무리를 지었다. 그렇게 아스널은 구단 역사상 처

2005/2006시즌 챔피언스리그 결승전 아스널 라인업

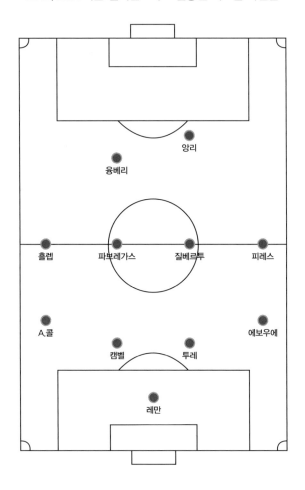

음으로 챔피언스리그에서 우승을 차지할 기회를 놓치고 말았다.

어찌 됐든 이 결승전에서 아스널은 한 명이 부족한 가운데서도 유럽 최강팀 중 하나인 바르셀로나를 상대로 충분히 좋은 모습을 보여 주었다. 레만의 퇴장이 뼈아팠지만, 준결승 2차전에 그가 리켈메의 페널티 킥을 막아 낸 것이 팀의 결승 진출에 결정적인 기여를 했던 것 또한 사실이다.

벵거 감독은 다음 시즌이 시작된 후 영국 언론과의 인터뷰에서 그 결승전 패배가 자신의 감독 커리어 중 가장 큰 아픔이었다고 말했다. 물론, 이날의 결승전은 벵거뿐 아니라 아스널 팬들에게도 여전히 큰 아쉬움으로 남아 있다.

76 | 아스널 레전드
로베르 피레스

피레스는 플레이메이커의 시야와 스트라이커의 본능을 모두 갖춘 선수였다. 그의 빠른 발은 아스널의 2000년대 초반 성공에 핵심적인 역할을 했다. —아스널 공식 홈페이지

2000년, 벵거 감독의 영입으로 아스널 유니폼을 입은 피레스는 선수 생활 동안 앙리, 베르캄프라는 아스널 역사 전체를 통틀어 최고의 레전드들과 동시내에 뛰었음에도 불구하고 그 나름의 매력과 뛰어난 실력으로 지금까지 널리 사랑받고 있다.

피레스는 사실 아스널 입단 초기 프리미어리그 적응에 가장 큰 어려움을 겪었던 선수 중 한 명이었는데, 프리미어리그의 엄청나게 격렬한 축구 스타일 때문이었다. 프리미어리그에 오기 전부터 이미 피레스는 마르세유, 프랑스 대표팀에서 활약하며 높은 평가를 받고 있었지만, 그는 기술적으로는 뛰어나도 피지컬적으로는 강인하지 못한 선수였다.

그러나 시간이 지나면서 그는 점차 프리미어리그 축구에 적응을 마치고 자신의 재능을 잉글랜드에서 만개하기 시작했다. 벵거 감독의 아스널에서 주로 왼쪽 윙어로 활약한 그는 2002/2003시즌에는 26경기에서 14골을 터뜨렸고, 그해 FA컵 결승전에서는 사우스햄튼과의 맞대결에서 결승골을 터뜨리며 팀의 우승에 결정적인 기여를 하기도 했다. 아스널의 49경기 무패 행진이 시작된 경기에서 해트트릭을 터뜨리며 대서사시의 서막을 알린 것도 피레스였다. 그는 이후 아스널의 무패 우승 과정에서 주전으로서 맹활약했다.

그의 아스널 커리어에서 유일하게 아쉬웠던 부분은, 그의 마지막 아스널 경기였던 챔피언스리그 결승전에서 레만의 퇴장 때문에 전반 18분 만에 교체되어 나와야 했고 결국은 팀도 우승을 차지하지 못한 것이었다. 그 경기는 피레스가 아스널에서 갖는 마지막 경기이자, 유럽에서 활동하는 모든 선수들에게 있어 최고의 무대인 챔피언스리그 결승전이었다. 그가 경기 후 공식적으로 자신의 교체에 대한 아쉬움을 드러냈음에도 그를 비난하는 팬들은 많지 않았다.

마지막 경기에서 그런 불화의 소지가 있었음에도 불구하고 피레스와 아스널은 그 후 좋은 관계를 계속 이어 가고 있다. 그는 그의 몸 상태를 유지할 필요가 있을 때 종종 벵거 감독의 허락 하에 아스널 훈련장을 이용하며 젊은 선수들에게 자신의 경험을 들려 주는 역할을 하곤 한다. 앞으로 피레스와 아스널의 관계가 어떻게 이어질지를 지켜보는 것도 흥미로운 일이 될 것이다.

77 | 2006~2007년
에미레이츠 스타디움 완공과 데이비드 딘의 사임

아스널 이사진에서 처음으로 새 구장의 필요성을 공식적으로 인정한 것은 1999년 말이었다. 아스널이 더 발전하기 위해서는 자체적인 수입원을 늘려야 했고, 당시 가장 안정적인 수입원은 경기 입장료였다. 그래서 아스널은 그 당시 4만 명도 채 들어가지 못했던 하이버리보다 2만 명을 더 수용할 수 있는 새 구장을 건축할 계획을 추진하게 되었다.

이후 아스널은 하이버리 스타디움에서 도보로 이동이 가능한 인근 지역의 부지를 확보했다. 그리고 새 구장의 이름은 그 부지의 이름을 따서 임시로 '애쉬버튼 그로브'라고 불렀다. 이 구장이 현재 이름인 에미레이츠 스타디움으로 불리게 된 것은 이후 아스널이 에미레이츠 항공사와 경기장 네이밍 스폰서십, 유니폼 스폰서십을 체결한 이후의 일이었다. 이 계약은 2004년 10월 5일에 공식 발표됐고, 당시 BBC가 보도한 내용에 따르면 에미레이츠 항공사가 경기장 이름과 유니폼 메인 스폰서가 되기 위해 지불한 금액은 1억 파운드(약 1,500억 원), 스타디움 네이밍 스폰서십의 기한은 15년이었다. 과거 아스널에서 공식 발표한 자료에 의하면 아스널이 새 구장을 건설하는 데 들어간 총 비용은 약 3억 9천만 파운드(약 5,850억 원)였다.

에미레이츠 스타디움은 2006년에 완공되었고, 아스널은 2006/2007 시즌부터 이곳에서 홈경기를 갖게 되었다. 그 후 아스널은 최초에 목표했던 대로 하이버리 시절보다 경기당 2만 명 정도 더 많은 팬들을 수용할 수 있게 되었다. 하지만 경기장을 건축하는 과정에서 발생한 막대한 비용을 충당하기 위해 스타 선수들을 팔거나 선수 영입에 필요한 예산 운용을 제한하는 등, 1군 선수단 운영 문제에서부터 이사진 내부의 갈등까지 많은 부작용을 겪기도 했다.

아스널이 에미레이츠 스타디움을 건설하는 과정에서 아스널이 겪은 가장 큰 피해이지만 많은 주목을 받지 못한 일은, 아마 새 구장이 완공된 지 1년 만에 팀을 떠난 데이비드 딘 부회장의 존재였을 것이다.

벵거 감독이 아스널에 오는 데 가장 큰 역할을 했고 그 이후로도 정치적, 외교적 수완을 발휘하면서 벵거 감독이 하지 못하는 일을 해내는 수완가였던 그는 다른 이사진들과의 분쟁 끝에 결국 2007년 아스널을 떠났다. 그때 그와 아스널 이사진의 사이가 틀어진 최초의 계기가 바로 새 구장 건축에 대한 의견 차이 때문이었다.

존 크로스 기자의 『아르센 벵거: 아스널 인사이드 스토리』에는 당시 상황이 다음과 같이 소개되어 있다.

축구계에서 가장 독창적이고 혁신적인 생각을 하는 남자였던 데이비드 딘 부회장은 웸블리 구장을 대여해서 사용하는 방법을 선호했다. 그러나 이사진의 다른 멤버들, 특히 켄 프라이어와 대니 피즈만은 하이버리와 가까운 부지에 새 홈구장을 짓길 원했다. 특히 그들은 기존에 하이버리 스타디움이 있던 런던의 이즐링턴 인근 지역에 아스널이 머물길 원했다. (중략)

자연스럽게도, 그 안건은 이사진 멤버들 간의 분쟁을 불러왔다. 그리고 바로 그 2003년 무렵 피즈만과 딘의 사이가 갈라졌다. 그들은 아스널의 다른 한 이사가 한때 단짝 친구라고 부를 정도로 가까운 사이였다. 그리고 새 홈구장 프로젝트를 위해 2002년부터 2003년까지 함께 일했다. (중략)

아스널 역사 속에서 가장 중요한 두 사람의 사이가 틀어졌다. 딘과 피즈만의 분쟁은 이후로 계속되는 아스널 이사진 내부의 전쟁을 상징하게 되었다. 그리고 그 대립은 아스널, 더 정확히는 벵거의 새로운 10년 중 대부분의 시기를 괴롭혔다.

존 크로스가 말한 대로, 에미레이츠 스타디움 완공은 장기적인 관점에서 아스널에 이익을 가져다 줄지도 모르지만 단기적으로는 아스널, 특히 벵거 감독의 '새로운 10년'에 대단히 큰 제한을 두는 일이었다. 실제로 벵거 감독은 그 후로 자신의 가장 큰 조력자였던 데이비드 딘 부회장이 없는 상황에서 10여 년 동안 구단의 재무 상황을 안정시키면서도 팀을 챔피언스리그에 진출시킨다는 두마리 토끼를 다 잡기 위해 고군분투해야 했다.

딘 부회장의 사임은 벵거 감독뿐 아니라 선수단에도 부정적인 영향을 끼쳤다. 특히 그 일에 가장 큰 우려를 보낸 선수는 그 후로 오래지 않아 팀을 떠난 티에리 앙리였다. 그는 딘 부회장의 사임 이후 가디언과의 인터뷰에서 "이것은 절대로 발생하지 않았어야 하는 일이다. 아스널을 떠나지 말아야 할 단 한 사람이 있다면 그게 바로 딘 부회장이었다"라고 말했다.

뱅거 감독과 아스널의 입장에서 돌아보면, 에미레이츠 스타디움 건축으로 발생한 거대한 채무, 뱅거 감독의 가장 큰 조력자이자 숨은 실력자였던 딘 부회장의 사임, 아스널에서 '킹'이 된 최고 스트라이커의 이적 등이 모두 1~2년 사이에 벌어진 일이었다. 이를 감안하면, 그 후로 그들이 무관 행진을 이어 간 것은 어찌 보면 자연스러운 수순이었다.

78 | 아스널 레전드
데니스 베르캄프

내가 지도해 본 선수 중 기술적으로 가장 뛰어난 것은 데니스 베르캄프였다. —아르셴 뱅거 감독

-

베르캄프가 넣은 천재적인 골들을 적으면 종이 두 장을 꽉 채울 수 있을 것이다. —아스널 공식 홈페이지

2006년 개장한 에미레이츠 스타디움에서 처음 열린 경기의 주인공은 데니스 베르캄프였다. 37세의 나이에 2005/2006시즌을 끝으로 은퇴

데니스 베르캄프

를 선언한 베르캄프의 헌정 경기가 열렸던 것이다. 상대팀은 베르캄프가 프로로 데뷔했던 아약스였다. 이 경기에는 이미 팀을 떠났거나 은퇴한 선수들을 포함하여 아스널에서 베르캄프와 함께 뛰었던 이안 라이트, 비에이라 등의 아스널 레전드들은 물론 아약스의 아이콘인 요한 크루이프, 반 바스텐 등도 참석해 자리를 빛냈다. 베르캄프 본인에게도, 아스널의 새 홈구장 개장에도 잘 어울리는 무대였던 셈이다.

아스널 레전드일 뿐 아니라 네덜란드 국가대표팀 레전드로도 한국 축구팬들에게 익숙한 베르캄프에 대해서는 잘못 알려져 있는 사실들이 몇 가지 있다. 그를 벵거가 영입한 선수로 아는 경우가 대표적이다. 앞서 살펴봤듯 그는 벵거가 아닌 브루스 리오치 감독이 영입했다.

벵거 감독이 1997/1998시즌 더블을 달성했던 스쿼드 중 '철의 포백'이 그레엄 감독으로부터 물려받은 유산이었다면, 리오치 감독으로부터 받은 가장 큰 선물은 의심의 여지 없이 베르캄프였다. 기술적이고 지능적인 축구를 추구하는 벵거 감독은 전 유럽에서 가장 탁월한 공격수를 이미 보유한 채 아스널을 자신의 스타일 대로 이끌어 갈 수 있었던 셈이다. 벵거 감독은 베르캄프가 은퇴한 지 10년이 지난 후에도 '지도해 본 가장 기술적으로 뛰어난 선수'를 묻는 질문에 베르캄프라는 대답을 내놓았다.

또 하나의 잘못된 정보는 베르캄프가 맨유, 혹은 토트넘의 팬이었다는 것인데 이에 대해서는 베르캄프 본인이 영국 언론과의 인터뷰에서 사실이 아님을 밝혔다. 다만 그는 자신의 이름이 '데니스' 베르캄프가 된 것은 그의 아버지가 맨유의 레전드 공격수 데니스 로의 팬이었기 때문이며, 베르캄프 본인은 토트넘의 레전드인 글렌 호들의 팬이었다고 인정했다.

아스널은 공식 홈페이지에서, 조지 그레엄 감독 시절 '지루한 아스널'이라는 평가를 받았던 팀을 아름다운 팀으로 바꾼 촉매제 역할을 한 선수가 바로 베르캄프라고 설명한다. 실제로 그레엄 시대와 벵거 시대의 한가운데를 잇는 역할을 했던 베르캄프는 그가 아스널의 선수라는 사실 자체만으로 아스널의 클래스를 한 단계 올려 주었다.

또 그는 프리미어리그에 외국인 선수의 바람을 본격적으로 불러온 선수 중 한 명으로 항상 거론된다. 가장 선구적인 역할을 한 것이 맨유

에미레이츠 스타디움에 세워진 베르캄프의 동상.

의 칸토나라고 한다면, 그 뒤를 이어 프리미어리그에서 가장 성공한 외국인 선수로 거론되는 인물들이 아스널의 베르캄프와 첼시의 졸라 등이다.

　전설로 남은 그의 뉴캐슬전에서의 골과 레스터전의 골 등은 화려한 한 편의 예술 작품과도 같았지만, 그가 동료들로부터 존경을 받았던 것은 기술 이상으로 훌륭했던 그의 정신적인 면이었다. 그와 함께 뛰었던 아스널 역대 최다 득점자 1, 2위인 티에리 앙리, 이안 라이트는 각각 베르캄프를 정신적인 자세가 존경스럽고, 언제나 믿을 수 있는 선수라고 말했다.

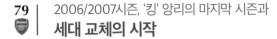

에미레이츠 스타디움에서 처음 보낸 2006/2007시즌은 본격적으로 재정 압박을 받는 아스널의 세대 교체가 이뤄지기 시작한 때였다. 팀 공격의 중심이었던 베르캄프와 피레스가 떠난 자리에 벵거 감독은 2004년 5월 영입한 반 페르시를 비롯해 아데바요르, 밥티스타 등을 활용하며 새로운 시도를 했다.

특히 이 시즌 아스널에 입단한 선수 중에는 이후 팀의 주장이 되는 윌리엄 갈라스와 오랫동안 아스널에서 뛰게 되는 로시츠키 등이 있었다. 갈라스의 영입 과정에서는 아스널 유소년 팀 출신으로 이후 유럽 최고의 레프트백이 되는 애슐리 콜이 트레이드되어 나갔다. 2006년 독일 월드컵에서 환상적인 중거리 골을 보여 줬고 분데스리가에서 활약하며 많은 기대 속에 아스널에 입단한 로시츠키는 입단 초기 순조롭게 팀에 적응하는 듯했으나 이후 잦은 부상에 시달리며 아쉬움을 사기도 했다.

또한 이 시즌은 아스널의 '킹'으로 불렸던 앙리와 큰 경기에서 유독 강한 모습을 보였던 융베리의 마지막 시즌이기도 했다. 이미 오랫동안 바르셀로나의 구애를 받았던 앙리는 2006년 챔피언스리그 결승전 이후 일단 아스널에 남았지만, 이 시즌을 끝으로 결국 바르셀로나로 떠나게 되었다. 이 시즌 1월에 열린 아스널 대 맨유의 경기는 앙리와 아스널 팬들에게 오래 기억될 경기였다. 루니의 선제골로 맨유가 앞서 나가다 반 페르시가 후반 38분에 동점골을 넣어 1-1이 된 상황, 앙리는 후반 추가 시간 3분에 에보우에의 크로스를 정확한 헤딩 슈팅으로 연결하며 경기 종료 직전 아스널에 2-1 승리를 안겼다.

에미레이츠 스타디움에서의 첫 시즌, 베르캄프와 피레스가 없었던 첫 시즌, 복잡한 세대 교체가 이뤄졌던 이 시즌, 아스널은 지난 시즌에 이어 두 시즌 연속 무관에 그치며 시즌을 마감하게 되었다. 그러나 그 어떤 결과보다도 아스널 팬들에게 더 가슴 아팠던 것은 이 시즌을 끝으로 아스널을 떠난 '킹' 앙리의 존재였다.

80 | 아스널의 '킹'
티에리 앙리

> 앙리는 모든 것을 갖춘 공격수였다. 뛰어난 기술, 놀라운 스피드, 강인한 힘, 그리고 골 결정력까지. 그가 전성기일 때 그를 막을 수 있는 사람은 아무도 없었다. 한마디로, 그는 모든 감독들의 꿈과 같은 선수였다. ─아스널 공식 홈페이지

수많은 레전드 선수를 배출한 아스널이지만, 클럽 역사상 가장 뛰어난 선수를 꼭 한 명 꼽으라면 가장 먼저 나오는 이름은 아마도 앙리일 것이다. 아스널의 왕으로 불리며 사랑받았던 그는 현재까지도 아스널 역대 최다 골 기록 보유자이며, 2008년 아스널 팬들이 공식 홈페이지를 통해 직접 뽑은 아스널 역사상 최고의 레전드 1위에 선정된 선수였다.

익히 알려진 것처럼, 앙리는 원래 최전방 공격수가 아니었다. 그는 유벤투스 시절 윙어로 주로 뛰었고, 그를 최전방 공격수로 활용한 것은

티에리 앙리

벵거였다. 처음 그가 공격수로 출전했을 때, 언론에서는 아스널에서 최고의 활약을 펼치고 레알 마드리드로 떠난 아넬카와 그를 비교하며 앙리는 그 역할을 해낼 수 없을 것이라는 부정적인 의견을 쏟아 냈다. 실제로 앙리는 처음 8경기에서 골을 넣지 못해 우려를 사기도 했다.

그러나 이미 AS 모나코와 프랑스 U-20 대표팀 시절부터 앙리를 유심히 지켜봤던 벵거의 눈은 정확했다. 일단 한 번 공격수로서 적응을 끝낸 앙리는 '누구도 막을 수 없는' 유럽 최고의 공격수로 거듭났다. 아스널이 공식 홈페이지를 통해 자랑스럽게 소개하고 있는 것처럼 앙리는 모든 것을 갖춘, 누구도 막기 힘든 선수였다.

육상 선수를 연상케 하는 스피드 덕분에 일단 한 번 그에게 제쳐지면 그를 쫓아갈 수 있는 수비수가 없었다. 거기에 포스트 끝 쪽을 정확하게 찌르는 날카로운 슈팅, 그리고 수비수가 미처 발을 뻗기도 전에 예측 불허의 상황에서 시도하는 중장거리 슈팅까지. 그가 프리미어리그 득점왕을 4차례나 차지한 것은 결코 우연이 아니었다.

앙리는 아스널에서 잊지 못할 장면들을 수없이 만들어 냈다. 대표적으로 레알 마드리드 원정경기에서 단독 돌파 후 골을 터뜨리며 아스널의 챔피언스리그 8강 진출에 결정적 기여를 한 일, 제이미 캐러거를 포함해 자신의 앞을 막아선 리버풀 수비수 전원을 제치고 성공시킨 골, 맨유전 페널티 박스 바깥에서 자신에게 온 볼을 띄워 올린 후 곧바로 터닝 발리 슈팅으로 넣은 골 등이 있었다. 퍼거슨 감독은 그 골이 들어간 후 "저런 골은 어떻게 할 방도가 없다"며 혀를 내두르기도 했다.

앙리는 축구선수로서의 뛰어난 실력만큼이나 그 외의 면들로도 팬

에미레이츠 스타디움에 세워진 동상들 중 가장 많은 사람들이 찾는 앙리의 동상

들을 즐겁게 만드는 매력을 가진 선수였다. 하이버리에서의 마지막 경기에서 골을 터뜨린 후 경기장 잔디에 입을 맞추는 모습 등으로 알 수 있는 앙리의 면모 말이다. 그는 아스널 팬들의 마음을 사로잡는 방법을 알았고, 그로 인해 팀을 떠난 이후에도 팬들로부터 원성을 사지 않고 가장 많은 존경과 사랑을 받는 레전드로 남아 있다.

81 | 2007/2008시즌, 파브레가스의 맹활약과 '영 아스널'의 약진

'킹' 앙리가 떠난 후 맞이한 2007/2008시즌, 아스널은 그 전 몇 년 동안 벵거 감독이 추진했던 세대 교체가 꽃을 피우며 이전과는 다른 스타일의 정체성을 보여 주기 시작했다. 이른바 '영 아스널(Young Arsenal)'이라고 불린 이 팀에서 중심이 된 선수는 단연 세스크 파브레가스였다.

리그 개막을 앞두고 벵거 감독은 수비수임에도 이례적으로 등번호 10번을 사용한 윌리엄 갈라스를 새 주장으로 임명했다. 그리고 프랑스 리그에서 활약하던 라이트백 바카리 사냐, 디나모 자그레브에서 탁월한 골 결정력을 자랑했던 공격수 에두아르도 등을 영입했다.

모든 언론이 앙리가 떠난 아스널의 부진을 예상하던 분위기 속에서 파브레가스를 중심으로 한 '영 아스널'은 3라운드부터 9라운드까지의 7 연승을 포함해 15라운드까지 무패를 기록하며 압도적인 성적으로 사람들의 우려를 불식시켰다. 걱정이 컸던 만큼 그들을 향한 찬사도 컸다. 영국 언론에서는 세대 교체를 통해 비에이라와 앙리가 이끌던 팀으로부터 완전히 새로운 강팀을 만들어 낸 벵거 감독에게 찬사를 쏟아 냈다.

이 시기는 현재의 한국 축구팬들에게 토니 아담스, 비에이라가 아스널을 이끌던 시절보다 훨씬 익숙할 것이다. 박지성의 맨유 진출로 EPL 중계가 본격적으로 시작된 것이 2005년의 일이므로, 사실 아스널의 최전성기였던 2003/2004시즌을 직접 지켜본 국내 팬들은 많지 않다.

물론 벵거는 비에이라와 앙리 시절에도 기본적으로 기술을 중시했지만, 그 당시와 파브레가스가 중심이 된 두 시기 사이에는 피지컬적으로 아주 큰 차이가 있었다. 비에이라, 프티, '철의 포백'이 뛰던 시절의 아스널은 피지컬적으로도 대단히 강력한 팀이었다. 그러나 벵거 감독은 에미레이츠 스타디움 완공을 전후로 30대 이상보다는 유망주와 기술이 좋고 빠른 선수들을 위주로 기용하기 시작했다.

그 세대 교체가 꽃을 피웠던 2007/2008시즌의 아스널은 파브레가스, 로시츠키, 흘렙과 같은 테크니션들이 짧은 패스를 위주로 한 패스 플레이로 상대를 제압하는 아름다운 축구를 구사했다. 그들 뒤에서는 당시 선수들 중 아스널에서 가장 오래 활약한 질베르투 실바가 든든한 버팀목 역할을 했고, 최전방에서는 아데바요르가 모든 대회를 통틀어 30골을 터뜨리며 인생 최고의 시즌을 보냈다. 로빈 반 페르시, 시오 월콧, 니클라스 벤트너 등도 많은 경기에 나서며 팀 공격에 힘을 보탰다.

만약 그렇게 우승을 차지했다면, 아스널의 입장에서는 새 구장과 새 선수들로 대업을 달성하는 이상적인 상황이 되었을 것이다. 그러나 젊은 선수들이 주축이 된 아스널은 결국 경험 부족 문제를 드러내며 우승의 문턱에서 무너지고 말았다. 리그 선두를 달리던 27라운드부터 30라운드까지 4경기 연속 무승부에 그치고, 이어진 첼시전에서 사냐의 선제골에도 불구하고 드록바에게 두 골을 내주며 패한 것이 결정타였다.

아스널은 34라운드 맨유 원정경기에서도 아데바요르가 선제골을 넣었지만 두 골을 내리 내주며 1-2로 패했는데, 아스널이 프리미어리그 내의 빅클럽이나 특정 선수, 감독들에게 대단히 약한 모습을 보이는 것도 이 시기부터 그 정도가 강해지기 시작했다.

앙리의 뒤를 이어 팀의 주장을 맡은 갈라스의 리더십도 비판대에 올랐다. 갈라스는 다양한 포지션을 소화해 내고 중요한 순간에는 곧잘 골을 넣는 수비수였다. 그러나 지나치게 강한 승부욕 때문에 화를 주체하지 못하곤 했다. 이 시즌 2월 버밍엄전에서는 경기 종료 직전에 팀 동료 클리시가 상대에게 페널티 킥을 내주는 바람에 2-2로 경기가 마무리되고 나서 광고판을 걷어차는 모습이 카메라에 포착되었다.

그때가 바로 아스널이 4경기 연속 무승부에 이어 첼시에 패배를 당하면서 우승 경쟁에 치명타를 입은 직후였음을 생각해 보면, 주장으로서 갈라스의 그런 행동은 아스널에 전혀 도움이 되지 않았다. 이 일이 있은 후 영국 언론에서는 벵거 감독이 갈라스의 주장직에 대해 재검토하고 있다는 보도가 이어졌다. 벵거는 시즌 후에 그 일을 결정하겠다고 밝혔고 일단 다음 시즌 초반까지도 갈라스의 주장직을 유지시켰다. 그러나 그해 11월, 갈라스는 언론과의 인터뷰에서 아스널의 어린 선수들에 대해 부적절한 발언을 한 것을 계기로 결국 주장직을 박탈당하였다.

'영 아스널'의 창의적이고 아름다운 플레이는 많은 팬들의 마음을 사로잡았지만, 경험 부족으로 결과를 만들어 내지 못하는 모습은 컵대회에서도 이어졌다. 그들은 리그컵 준결승 2차전에서 토트넘에 1-5 대패를 당하며 탈락했고, 챔피언스리그에서는 8강에서 리버풀을 만나 2차전 후반 39분까지 합산 스코어 3-3 상황을 유지하고 있었다. 그대로 경기가 끝나면 아스널은 원정 다득점 원칙에 의해 4강에 진출할 수 있었다. 특히 월콧의 단독 드리블에 이은 아데바요르의 골은 월콧의 폭발적인 주력이 잘 드러난 명장면이었다. 그러나 그들은 그 직후 내리 두 골을 실점하며 허무하게 탈락하고 말았다. 이 시즌 아스널의 리그 최종 성적은 1위 맨유에 승점 4점, 2위 첼시에 승점 2점이 뒤진 리그 3위였다.

또 한 번 무관으로 끝난 2007/2008시즌이었지만, 그럼에도 그들이 그 시즌에 보여 준 모습은 충분히 고무적이었다. 관건은 이후 그들이 이 시즌의 단점을 보완하고 더 강해져서 돌아올 수 있느냐에 달려 있었다. 그러나 벵거 감독의 아스널은 이에 실패했다.

악몽의 챔피언스리그 준결승전

　희망은 가득했으나 결실은 없었던 2007/2008시즌을 마치고 벵거 감독은 새 시즌을 준비하며 레만, 질베르투 실바 등 베테랑들을 내보냈다. 또 '영 아스널'의 일원이었던 흘렙을 약 1,200만 파운드의 이적료에 바르셀로나로 이적시켰다. 가장 뼈아픈 이적은, 아스널에서 수비형 미드필더는 물론 왼쪽 수비수까지 소화했던 다재다능한 선수 매튜 플라미니가 AC 밀란에 자유이적으로 떠난 것이었다.

　이렇듯 불거진 전력 누수를 보강하기 위해 벵거 감독은 당시 아스널로서는 거액이었던 1,200만 파운드를 투자해 사미르 나스리를 영입했고, 퍼거슨 감독과의 영입 경쟁에서 승리하며 카디프 시티 출신의 10대 신동 미드필더 아론 램지를 데려오는 등 중원을 강화하고 나섰다. 맨유에서 오래 활약했던 수비수 미카엘 실베스트르도 이 시즌에 아스널 유니폼을 입었다.

　그러나 이 시즌 아스널은 직전 시즌 후반기에 무너져 내렸던 모습을 그대로 재현하며 14라운드까지 5패를 당하는 등 불안한 시즌을 이어 갔다. 이대로 가면 챔피언스리그 진출이 보장되는 4위 자리도 불안하다는 위기 의식이 팽배해졌고, 그렇게 겨울 이적시장을 통해 아스널에 합류한 선수가 러시아의 미드필더 안드레이 아르샤빈이었다.

　아르샤빈은 아스널 입단 직후부터 뛰어난 모습을 보여 주며 아스널이 리그 4위를 수성하는 데 큰 기여를 했다. 특히 그는 이 시즌 후반기 안필드에서 펼쳐진 리버풀과의 맞대결에서 혼자 4골을 터뜨리는 기염을 토하기도 했다. 결국 아스널은 시즌 후반기에 단 1패(첼시)만을 당하며 리그 4위로 시즌을 마무리했다.

한편, 챔피언스리그에서 아스널은 로마, 비야레알을 각각 16강, 8강에서 꺾고 준결승에 진출했으나 맨유에 합산 스코어 1-4로 패했으며, 첼시와의 FA컵 준결승전에서도 월콧이 선제골을 터뜨렸지만 결국 드록바에게 결승골을 내주고 패했다. 그렇게 아스널은 응집력과 집중력 있는 모습을 보여 주지 못하며 다시 한 번 시즌을 무관으로 마무리하였다.

직전 시즌에 드러났던 아스널의 경험 부족은 이 시즌 중요한 순간에 또 다시 고스란히 노출되었다. 가장 대표적인 상황이 맨유와의 챔피언스리그 준결승 2차전에서 전반 7분 만에 나온 박지성의 골 장면이었다. 그 전까지 양 팀의 합산 스코어는 맨유가 한 골 차로 앞선 0-1. 2차전 결과에 따라서 얼마든지 역전이 가능했던 상황이었다. 그런 가운데 호날두가 왼쪽에서 시도한 크로스가 박지성에게 이어지는 과정에서 박지성의 앞에 있던 깁스가 미끄러지면서 박지성에게 자유로운 슈팅 찬스가 나왔고, 박지성은 이를 놓치지 않고 골로 연결하여 아스널의 추격 의지를 꺾었다.

한편, 이 시즌 아스널 유소년 팀 출신의 미드필더 잭 윌셔가 9월에 열린 블랙번과의 경기에 출전하면서 16세 256일의 나이로 아스널 역대 최연소 리그 데뷔 기록을 경신했다. 그 이후로 윌셔는 점점 아스널의 많은 팬들로부터 차세대의 재목으로 많은 기대를 받게 된다.

2009/2010시즌을 앞두고 벵거 감독은 자신이 아스널에서 스타로 키워 낸 공격수와 수비수를 나란히 맨시티로 보냈다. 바로 아데바요르와 콜로 투레였다. 두 선수를 맨시티로 이적시키면서 아스널은 약 4,000만 파운드의 수입을 올렸다. 그들 중 아데바요르는 9월에 열린 맨시티 대 아스널 경기에서 골을 넣은 후 아스널 서포터들 앞까지 뛰어와 세리머니를 하며 논란을 일으키기도 했다.

반대로 이 시즌 아스널에는 영입 선수가 많지 않았는데, 아약스에서 활약하던 수비수 토마스 베르마엘렌이 아스널 유니폼을 입고 갈라스와 함께 중앙 수비수로 뛰기 시작했다.

태도에 대한 논란은 있었지만 확실한 골 득점원이었던 아데바요르를 맨시티로 보낸 이 시즌, 아스널은 기대했던 반 페르시마저 잦은 부상에 시달리며 공격진 운영에 애를 먹었다. 그런 상황에서도 분전했던 선수들은 리그에서 10골을 넣은 아르샤빈과, 수비수로서는 놀랍게도 이적 첫 시즌 만에 7골을 터뜨린 베르마엘렌 등이었다. 그러나 그 중에서도 가장 돋보인 활약을 한 선수는 리그에서만 15골, 모든 대회를 통틀어 19골을 기록한 아스널의 어린 주장 세스크 파브레가스였다.

이 시즌은 지난 몇 시즌간 아스널을 괴롭혔던 모든 고질적인 문제들이 한꺼번에 발생했던 시즌이었다. 이유를 정확히 알 수 없는 선수들의 부상 문제, 유독 맨유와 첼시를 상대하면 절대적인 약세를 보인 점 등이 대표적이다. 아스널은 이 시즌 그 두 팀에게 홈에서도 원정에서도 모두

패했다.

　FA컵과 리그컵에서 모두 조기에 탈락한 아스널은 챔피언스리그에서는 8강까지 진출했지만 바르셀로나에 합산 스코어 3-6으로 패하며 역시 탈락했다. 리그에서는 3위를 기록하며 챔피언스리그 진출권을 따냈지만, 또 한 번 큰 특색 없이 끝난 아스널의 시즌에 팬들의 불만은 쌓여만 가고 있었다.

　이 시즌 아스널이 봉착한 또 다른 문제는, 바르셀로나 유소년 출신으로 아스널에 건너와 주장으로 활약하고 있던 파브레가스의 기량이 절정에 다다르면서, 앙리와 마찬가지로 파브레가스도 점점 바르셀로나 이적설에 연루되기 시작했다는 것이었다.

눈앞에서 놓친 무관 탈출의 기회

2010/2011시즌, 아스널은 6시즌 만에 무관 행진을 끝낼 절호의 기회를 잡았다. 아스널에 비해 상대적 약체로 여겨지는 버밍엄 시티와 리그컵 결승에서 격돌하게 된 것이었다. 많은 사람들이 이제는 아스널이 긴 침체기를 끝내고 다시 일어설 것이라고 예상했다. 그러나 아스널은 후반전 종료 직전 수비진에서 나온 치명적인 실책으로 인해 허무하게 우승 트로피를 내주고 말았다.

새 시즌을 앞두고 아스널은 프랑스 리그에서 뛰고 있던, 잉글랜드에서는 무명에 가까웠던 수비수 로랑 코시엘니를 영입했다. 이를 위해 당시 아스널의 상황에서는 거금에 해당하는 800만 파운드 가량을 투자했다. 또 아스널은 보르도에서 뛰던 공격수 마루앙 샤막을 자유계약으로 영입했고, 베테랑 수비수 스킬라치, 일본의 유망주 미야이치 료 등도 데려왔다.

하지만 대부분의 대회에서 아스널은 지난 몇 시즌과 비슷한 양상을 보였다. 리그는 4위로 마감했고, FA컵에서는 맨유에 패하며 6라운드에서 탈락했다. 그리고 챔피언스리그에서는 다시 한 번 바르셀로나에 패하며 탈락했다. 특히 바르셀로나와의 16강 1차전에서 아스널은 다비드 비야에 선제골을 내주고도 어린 잭 윌셔가 보여준 발군의 활약과 반 페르시, 아르샤빈의 후반전 골로 역전승을 일궈 냈지만, 결국 2차전에서 1-3으로 무너지며 바르셀로나의 문턱을 넘지 못했다.

그러나 그 어떤 대회보다도 이 시즌 아스널에 많은 이야기를 남긴 것은 역시 리그컵 결승전이었다. 아스널은 이 시즌 리그컵에서 토트넘, 뉴캐슬, 위건, 입스위치를 꺾고 결승에 진출하여 버밍엄 시티와 격돌했다. 버밍엄 시티는 이 시즌 내내 리그 강등권에서 헤매다가 결국 강등이 확정된 상태였다. 팀의 위상, 선수단의 퀄리티 등 모든 점을 감안할 때 아스널의 낙승이 예상되는 맞대결이었다.

그러나 양 팀의 경기는 초반부터 아스널의 뜻과 다르게 흘러갔다. 전반 28분, 버밍엄의 장신 스트라이커 지기치가 골을 터뜨리면서 0-1로 끌려 가기 시작한 것이다. 아스널은 10여 분 후 팀의 핵심 공격수로 성장한 반 페르시가 아르샤빈의 크로스를 발리 슈팅으로 연결시키며 1-1로 하프 타임을 맞이했지만 후반전에 결승골을 터뜨리지 못했다.

양 팀이 결국 승부를 가리지 못하고 연장전으로 접어드는 것 같았던 경기 종료 2분 전, 아무도 예상하지 못했던 반전이 일어났다. 버밍엄의 공격 상황에서 흘러나온 볼을 골키퍼 슈체츠니와 코시엘니 두 사람이 서로 처리하려고 하다가 오히려 버밍엄의 공격수 마르틴스 앞에 볼을 내주며 그대로 결승골을 헌납하고 만 것이다. 아직 유망주 골키퍼였던 슈체츠니, 아스널 입단 후 대회 첫 결승전을 치르고 있던 코시엘니 두 사람을 포함해 모든 아스널 선수들은 망연자실한 채 허공을 바라봤다.

이 패배는 당사자인 두 선수에게 정말 가슴 아픈 일이었으나 두 선수가 이후 훨씬 더 발전하는 계기가 되었다. 특히 코시엘니의 경우 현재까지 아스널은 물론 프리미어리그를 대표하는 정상급 수비수로 성장하기도 했다. 그러나 무관 행진을 끊어 낼 수 있었던 상황에서 실책으로 인해 우승을 놓친 것은 아스널 선수단의 사기에 치명적인 타격을 준 것도 사실이었다.

결국 그렇게 시즌이 종료된 후에 바르셀로나의 오랜 구애를 받던 주장 파브레가스, 그리고 파브레가스가 부상으로 빠져 있던 사이 좋은 모습을 보였던 나스리는 각각 바르셀로나와 맨시티로 떠났다.

앙리가 떠난 후 잠시 갈라스가 주장이었던 시절에도 실질적으로 아스널의 핵심 역할을 하고 있었던 파브레가스가 팀을 떠나면서 아스널은 새로운 선수를 중심으로 뭉쳐 새 시즌을 이어 가게 되었다. 그는 로빈 반 페르시였다.

85 | 2011/2012시즌
최고의 시즌을 보낸 반 페르시와 앙리의 임대 복귀

2011/2012시즌은 아스널의 무관 시절 전체를 통틀어 아마도 가장 극적이고 고통스러웠으며 그만큼 많은 이야기를 낳은 시즌이었을 것이다.

벵거 감독은 지난 몇 시즌간 팀의 주축으로 활약했던 파브레가스와 나스리를 결국 이적시켰는데 문제는 그 시기였다. 두 선수는 모두 8월 중에 새 시즌이 개막되는 시기를 전후로 팀을 떠났다. 물론 그에 앞서 아스널은 제르비뉴, 옥슬레이드 챔벌레인, 칼 젠킨슨 등을 영입했지만 과연 파브레가스와 나스리가 떠난 후에도 아스널이 전력을 유지할 수 있을지에 대해서는 의문 부호가 따랐다.

그리고 그런 상황에서 아스널은 그들의 근래 역사에 가장 치욕적이었을 패배를 당하게 되었다. 2011년 8월 28일, 맨유의 홈 올드 트래포드에서 2-8 대패를 당했다. 맨유는 이날 웰백의 선제골을 시작, 루니의 해트트릭과 박지성의 마지막 골까지 자유자재로 골을 터뜨린 반면, 아스널은 젠킨슨이 퇴장을 당하는 등 속수무책이었다. 이날의 패배는 한때 맨유의 프리미어리그 독주 체제를 양강의 대결로 바꿔 놓았던 아스널이 얼마나 약해졌는지를 상징적으로 보여 주는 사건이었다.

결국 벵거 감독으로서도 더 이상 자신의 철학과 고집만을 내세울 수 없었다. 8월 28일에 당한 그 패배 이후 그는 3일 만에 4명의 선수를 영입했는데, 그들은 모두 그 전까지 벵거 감독이 주로 영입하던 젊고 어린 유망주와는 거리가 먼 경험 많은 선수들이었다. 그들은 각각 수비수 페어 메르테자커와 안드레 산토스, 미드필더 미켈 아르테타, 그리고 한국의 공격수 박주영이었다.

이 네 선수 외에도 벵거 감독은 이적시장 마감일에 요시 베나윤을 임대 영입하며 5명의 선수를 추가 보강하고 시즌을 이어 가게 되었다. 하이버리에서 보낸 아스널의 마지막 시즌에 웨스트햄 소속으로 리그 최종전에서 토트넘을 꺾으면서 아스널이 리그 4위를 지키는 데 결정적인 역할을 했던 베나윤은, 이 시즌에도 알토란 같은 활약을 하며 아스널이 토트넘보다 위인 리그 3위로 시즌을 마감하는 데 큰 공헌을 했다.

이적시장 마감 직전에 5명의 선수를 보강하는 등 급박하게 이어진 시즌에 아스널은 7라운드까지 리버풀, 맨유, 토트넘에 연이어 패하는 등 극심하게 부진했지만 이후 10월부터 12월 중순까지 한 경기도 패하지 않으면서 서서히 폼을 찾아 갔다. 그러나 1월에 펼쳐진 3번의 리그 경기에서는 전패를 당하며 이번 시즌이야말로 4위 자리에서 내려가고 말 것이라는 우려를 자아냈다.

그때, 벵거 감독은 1월 중 아프리카 네이션스컵 참가를 위해 국가대표팀으로 떠난 제르비뉴, 샤막의 공백을 메우기 위해 깜짝 영입을 성사시켰다. 아스널 팬들이 가장 사랑하는 레전드 앙리를 단기 임대로 데려온 것이었다.

앙리가 아스널로 돌아온 후 가진 첫 경기는 리즈 유나이티드와의 FA컵 경기였다. 등번호 12번이 적힌 유니폼을 입고 후반전에 교체 투입된 앙리는 알렉스 송의 스루패스를 이어받아 반대편 포스트 구석을 정확히 찌르는 슈팅으로 이날의 유일한 골을 성공시키며 아스널 홈팬들을 열광케 했다. 그는 골을 터뜨린 후 벵거 감독에게 달려가 포옹을 나누기도 했다.

앙리는 이후 아스널에서 4경기에 출전했고, 원 소속팀 레드불스로 복귀하기 전 마지막 경기였던 선덜랜드전에서는 경기 종료 직전에 결승골을 터뜨리며 팀에 승점 2점을 보태 주기도 했다.

참으로 많은 일들이 있었던 이 시즌은 반 페르시가 아스널 입단 후 최고의 모습을 보여 준 시즌이기도 했다. 그는 이 시즌 리그에서만 30골, 모든 대회 합산 37골을 넣는 맹활약을 펼치며 아스널이 초반의 극심한 부진에도 불구하고 3위로 리그를 마치는 데 결정적인 기여를 했다.

아스널의 리그 최종전은 웨스트 브롬 원정경기였다. 경기 전에 아스널은 이미 리그 4위를 확보했으나, 3위 토트넘의 최종 경기 결과에 따라 3, 4위가 바뀔 수도 있는 상황에 놓여 있었다. 웨스트 브롬과 2-2로 맞선 상황에서 결승골을 터뜨려 아스널이 토트넘보다 높은 순위로 시즌을 마칠 수 있도록 한 선수는 로랑 코시엘니였다.

86 | 2012/2013시즌
38라운드에서 지켜 낸 리그 4위

2011/2012시즌, 아스널 팬들은 뛰어난 재능을 보유한 공격수임에도 입단 후 오랫동안 부상 등의 이유로 그 능력을 만개하지 못했던 반 페르시가 리그 최고의 공격수로 거듭나 프리미어리그 득점왕이 되는 모습을 지켜봤다. 반 페르시 개인에게도 그의 커리어 중 가장 많은 골을 터뜨린 시즌이었다.

그런 반 페르시가 득점왕을 차지한 직후 아스널을 떠나 리그 내 경쟁팀인 맨유로 이적한 것은, 아스널 팬들로서는 파브레가스가 팀을 떠난 이후 또 한 번 겪는 팀의 주장이자 최우수 선수의 이적이었다. 한편으로는 계약 기간이 얼마 남지 않은 선수를 팔아서 2,500만 파운드라는 거액의 이적료를 챙긴 것이 결코 나쁘지 않은 '비즈니스'였다는 의견도 있었지만, 맨유는 그 시즌 반 페르시의 영입으로 리그 우승을 차지했다고 해도 과언이 아니었다. 반 페르시는 맨유로 이적해서도 많은 골을 넣으며 서로 다른 두 팀에서 2년 연속으로 득점왕이 되었다.

이 시즌 아스널을 떠난 선수들 중에는 벵거 감독의 지휘 아래 훌륭한 수비형 미드필더로 성장한 알렉스 송도 있었다. 중앙 수비수로도 뛸 수 있는 수비형 미드필더인 동시에 뛰어난 패스 능력을 보유했던 송은

로빈 반 페르시

돌연 바르셀로나로 떠났고, 그 후로는 한 번도 아스널에서와 같은 모습을 보여 주지 못했다.

두 선수의 이적료로만 약 4천만 파운드의 수입을 챙긴 벵거 감독은 그 돈을 고스란히 여름 이적시장에서 올리비에 지루, 산티 카솔라, 루카스 포돌스키 등 세 명의 주요 선수를 영입하는 데 사용했다. 겨울 이적시장에는 나초 몬레알을 영입하기도 했다.

지루와 포돌스키는 모두 뛰어난 공격수였지만 그들에겐 적응할 시간이 필요했다. 두 선수가 입단 직후부터 반 페르시의 역할을 모두 해내기엔 무리가 있었다. 오히려 이 시즌 아스널에서 가장 많은 골을 기록한 선수는 어느새 아스널에서 최고참 선수 중 한 명이 된 시오 월콧이었다.

월콧은 이 시즌 리그에서만 14골, 모든 대회를 통틀어서는 21골을 기록하며 반 페르시가 떠난 아스널의 공격에 가장 큰 공헌을 했다.

중요한 순간마다 골을 터뜨려 주던 반 페르시 없이 진행된 이 시즌, 아스널은 리그 최종전까지도 4위 자리 확보를 장담할 수 없는 어려운 상황을 맞이했다. 3월 중에는 4위 경쟁의 가장 큰 걸림돌이었던 토트넘과의 맞대결에서 패하기도 했다. 에버튼 역시 4위 자리를 놓고 시즌 후반까지 맹렬히 추격해 왔다.

FA컵과 리그컵에서 모두 조기에 탈락했고 챔피언스리그에서도 16강전에서 뮌헨에 패한 아스널은 3월 이후 리그 4위 탈환을 위해 전력을 다했다. 그리고 3월 중순부터 마지막 라운드까지 10경기에서 8승 2무를 기록하며 끝내 5위 토트넘보다 승점 1점이 많은 4위로 시즌을 마감했다.

아스널의 이 시즌 최종전은 뉴캐슬 원정경기였다. 아스널은 리그 최종전에서 토트넘이 승리하고 자신들이 지거나 무승부에 그칠 경우 4위를 내줄 수도 있는 상황이었다. 토트넘은 실제로 선덜랜드와의 경기 종료 직전 가레스 베일의 골로 극적인 승리를 거두었다. 반드시 승리해야만 4위를 차지할 수 있던 상황에서 아스널의 유일한 골을 터뜨리며 팀을 4위로 이끈 주인공은 또 다시 코시엘니였다.

코시엘니로서는 바로 직전 시즌 최종전에서의 결승골에 이어 이번 시즌 마지막 골까지, 수비수로서의 활약뿐 아니라 팀에 가장 골이 필요한 순간에 그 골까지 넣어 주며 팀에 절대적인 공헌을 했다.

그렇게, 2005/2006시즌부터 2012/2013시즌까지 길고 험난했던 아스널의 무관 행진이 종착지에 다다르고 있었다.

2013~2017년
FA컵 2년 연속 우승과
아스널의 새로운 도전

—

2013/2014시즌, 레알 마드리드에 4,250만 파운드를 주고 데려온 메수트 외질의 입단은 무관의 시절 아스널의 발목을 잡았던 재정 문제가 거의 해결되었음을 알리는 신호탄이었다. 그 시즌 FA컵 우승으로 무관의 아픔을 청산한 아스널은 다음 시즌 바르셀로나로부터 알렉시스 산체스를 영입하고 2년 연속 FA컵 우승을 차지한다. 그리고 이어진 시즌 리그 우승을 위한 절호의 기회를 잡지만 끝내 스스로 무너지며 레스터에 우승을 내주었고, 그 다음 시즌 벵거 감독은 처음 리그 4위 아래의 순위로 시즌을 마친다.

누구보다 아스널전문가가 되고싶다

Chapter8.

FA컵 2년 연속 우승과
아스널의 새로운 도전
2013~2017년

 87 | 2013/2014시즌
외질의 입단과 무관 행진의 끝

    2013/2014시즌 이적시장 마감일, 아스널 팬들은 물론 유럽 축구계를 깜짝 놀라게 만든 대형 이적이 이뤄졌다. 이 이적은 아스널의 제한적인 재정 상황으로 인한 약 10년간의 소극적 영입 정책이 종착점에 왔음을 알리는 신호였다. 그 전까지 한 선수의 영입에 2,000만 파운드 이상을 쓴 적이 없었던 아스널이 그 2배가 넘는 비용을 투자하며 레알 마드리드로부터 메수트 외질을 영입한 것이다. 그리고 묘하게도 이 대형 이적이 이뤄졌던 2013/2014시즌 아스널은 그동안 이어졌던 무관 행진을

끊어 내고 FA컵 우승을 차지하였다. 많은 기대를 모은 외질은 특유의 천재성을 종종 발휘하기도 했지만, 영국 언론으로부터 대체적으로 아직은 적응이 더 필요하다는 평가를 받았다.

외질의 영입으로 아스널이 새로운 조명을 받았던 이 시즌 전반기에 아스널에서 가장 뛰어난 활약을 한 선수는 오히려 아론 램지였다. 램지는 맨유의 퍼거슨 감독과 아스널의 벵거 감독이 모두 그를 영입하기 위해 공들였을 정도로 높은 잠재력을 인정받는 선수였지만, 2010년 2월 27일 스토크 시티 원정경기에서 쇼크로스에게 당한 태클로 인해 장기 결장하게 된 후로 좀처럼 힘을 내지 못하고 있었다. 그러나 외질이 입단한 2013/2014시즌, 그는 박싱데이에 부상을 당하기 전까지 외질과 좋은 호흡을 보이면서 유럽 최고 수준의 활약을 펼쳤다. 한편 이 시즌 노리치전에서 잭 윌셔가 동료들과 패스를 주고받은 후에 터뜨린 골은 벵거가 추구하는 축구의 진수를 보여 준 완벽한 골이라는 극찬을 받았다.

아스널은 이 시즌 1라운드에서 아스톤 빌라에 1-3 패배를 당했지만 그 후로 10라운드까지 8승 1무를 기록하면서 한때 리그 선두에 오르기도 했다. 그러나 아스널은 이 시즌에도 맨유, 맨시티, 리버풀, 첼시 등 경쟁자들과의 맞대결에서 패하는 등 중요한 고비를 넘지 못하는 모습을 다시 노출하며 점점 우승 경쟁에서 멀어졌다.

벵거 감독의 1,000번째 경기에서는 첼시에게 0-6 대패를 당했으며, 그 후로 4경기에서 2무 1패를 당했는데, 특히 에버튼 원정에서 당한 0-3 패배는 에버튼이 당시 아스널의 강력한 4위 경쟁자였다는 점을 감안할 때 가장 큰 타격이었다. 하지만 아스널은 그 후로 이어진 4월 중순 이후의 다섯 경기에서 전승을 거두며 리그 4위 자리를 지켰다.

한편 아스널은 리그컵, 챔피언스리그에서는 탈락했지만, FA컵에서 토트넘, 코벤트리, 리버풀, 에버튼, 위건을 꺾고 결승에 진출했다. 결승전의 상대는 헐 시티였다. 몇 년 전 상대적 약체인 버밍엄 시티와의 리그컵 결승전이 떠오르는 맞대결이었다. 아스널로서는 야심 차게 외질을 영입한 이 시즌을 터닝 포인트로 삼기 위해서라도 반드시 우승이 필요했다.

그러나 그런 결승전에서 아스널은 전반 8분 만에 헐 시티에 두 골을 내주며 다시 한 번 절체절명의 위기에 빠졌다. 그 상황에서 어떻게든 아스널의 무관을 끊어 내겠다는 벵거 감독 및 선수들의 투지가 빛나기 시작했다. 아스널은 전반 17분에 터진 카솔라의 골로 승부를 뒤집을 수 있는 상황을 만들어 낸 후, 후반전 26분에 동점골을 터뜨리며 분위기를 반전시키는 데 성공했다. 이 골의 주인공은 이미 두 시즌 리그 최종전에서 골을 터뜨리며 팀에 큰 공헌을 한 수비수 코시엘니였다.

연장전에 접어든 양 팀의 승부. 연장 전반전에도 결승골이 나오지 않으며 양 팀 감독이 슬슬 승부차기를 염두에 두고 있을 순간에 대망의 결승골이 나왔다. 그 골의 주인공은 아론 램지였다. 램지는 사노고의 패스를 이어받은 지루가 영리하게 백힐 패스로 이어 준 볼을 빠른 박자의 슈팅으로 연결하며 헐 시티 골문을 갈랐다.

그렇게 아스널은 FA컵 우승 트로피를 들어 올리며 긴 무관의 세월을 끝냈다. 부상으로 인해 제 기량을 발휘하지 못했던 램지와 벵거 감독, 아스널의 모든 선수들과 팬들이 그토록 기다렸던 세월에 걸맞은 멋진 '해피 엔딩'이었다.

산체스의 입단과 2년 연속 FA컵 우승

외질의 영입과 함께 무관의 설움을 털어 내고 FA컵 우승을 차지한 아스널은 새 시즌을 앞두고 일찌감치 3,000만 파운드를 투자하여 바르셀로나에서 활약하던 또 한 명의 월드클래스 선수 알렉시스 산체스를 영입했다. 그 외에도 이 시즌 아스널은 대니 웰백, 칼럼 챔버스, 매튜 드 뷔시, 다비드 오스피나 등을 영입하는 데 거액을 들였고, 겨울 이적시장에도 브라질의 중앙 수비수 가브리엘 파울리스타를 영입했다.

산체스는 입단 첫 시즌부터 팀 내 최다 득점자가 되며 핵심 선수로 자리 잡았고, 아스널은 이 시즌을 리그 3위로 마무리했다. 아스널에게 있어 이 시즌 의미가 있었던 두 대회는 각각 FA컵과 챔피언스리그였다. 전자가 긍정적인 의미였다면 후자는 큰 실망을 남겼다.

FA컵에서 아스널은 헐 시티, 브라이튼, 미들스브로를 꺾고 6라운드에서 맨유와 격돌했다. 아스널은 이 경기에서 루니에게 선제골을 내줬음에도 불구하고, 후반전에 맨유 출신 공격수 웰백이 터뜨린 결승골에 힘입어 맨유를 2-1로 꺾고 준결승전에서 레딩까지 이기며 결승전에 진출했다.

아스널의 결승전 상대는 전 토트넘의 감독인 팀 셔우드 감독이 이끄는 아스톤 빌라였다. 아스톤 빌라를 맞아 아스널은 월콧, 산체스, 메르테자커, 지루의 골로 4-0 대승을 거두며 2년 연속 FA컵 우승과 동시에 12번째 FA컵 우승으로 잉글랜드 클럽 중 최다 FA컵 우승 기록을 경신하게 되었다. 이후에 맨유가 타이 기록을 이루었지만, 아스널은 곧바로 다시 이 기록을 경신했다.

　반면에 이 시즌 아스널의 가장 큰 아쉬움은 챔피언스리그 성적이었다. 지난 수년간 16강에서 바르셀로나, 바이에른 뮌헨, AC 밀란 등을 만난 불운한 대진 탓에 16강에서 좌절했던 아스널은 이 시즌 16강에서 AS 모나코를 만나며 마침내 8강 진출의 기회를 잡는 듯했다. AS 모나코 역시 쉬운 상대는 아니었지만, 양 팀의 전력을 비교하면 아스널이 충분히 8강에 진출할 것이라는 전망이 지배적이었다.

　그러나 아스널은 홈에서 열린 1차전에서 모나코에 3골을 내주며 1-3으로 패하고 말았다. 이후 AS 모나코의 홈에서 열린 2차전에서 2골을 터뜨리며 합산스코어 3-3을 만들었지만 원정 다득점 원칙에 의해 아스널은 또 다시 16강에서 탈락하는 아픔을 겪어야 했다.

　종합적으로 돌아볼 때, 2년 연속 FA컵 우승으로 과거보다 안정된 모습을 보여 준 아스널이었으나, 그들의 염원인 리그와 챔피언스리그 우승을 위해서는 좀 더 꾸준한 경기력을 갖춰야만 했다.

89 | 2015/2016시즌, 레스터의 동화, 그리고
아스널이 우승에 가장 가까웠던 시즌

　두 시즌 연속 FA컵 우승을 차지한 아스널의 다음 목표는 리그 우승, 더 나아가 챔피언스리그 우승이었다. FA컵은 잉글랜드에서 가장 권위 있는 대회임에 틀림없지만 아스널은 FA컵 우승으로만 만족할 수 있는 클럽이 아니었다. 아스널 팬들은 드디어 그들이 다시 리그 챔피언이 될 때가 왔다고 믿으며 새 시즌을 맞이했다. 벵거 감독은 커뮤니티 실드에서 무리뉴 감독이 이끈 첼시를 1-0으로 꺾으며, 처음으로 무리뉴와의 맞대결에서 승리하기도 했다.

아스널 팬들의 희망은 외질, 산체스에 이어 또 한 명의 월드클래스 선수를 영입하는 것을 보며 더욱 강해졌다. 바로 첼시의 최고 전성기를 지켰던 골키퍼 페트르 체흐가 그 주인공이다. 아스널은 데이비드 시먼과 얀스 레만 이후 항상 골키퍼 문제를 앓았다. 그 사이에 수문장을 맡았던 알무니아, 파비안스키, 슈제츠니 등은 모두 좋은 모습을 보여 줄 때도 있었지만 기복이 심했다. 그런 점에서 아스널 팬들이 그토록 갈망했던 월드클래스 골키퍼가 드디어 아스널에 입성한 것이었다.

그렇게 시작된 2015/2016시즌은 잉글랜드 축구사 전체로 놓고 보면 레스터 시티라는 클럽이 모두의 예상을 뒤엎고 리그 우승을 차지하며 '축구판 동화'를 완성한, 절대로 잊히지 않을 기적이 탄생했던 시즌이었다. 반면에 아스널의 입장에서 보자면 지난 10여 년간 가장 리그 우승에 근접했고, 또 우승을 위한 절호의 기회를 잡았음에도 불구하고 스스로 무너져 내린 안타까운 시즌이었다.

그 배경에는 이 시즌을 전후로 경쟁팀들 내부에서 벌어졌던 감독 및 세대 교체의 문제가 있었다. 가장 대표적으로, 바로 지난 시즌 리그 우승을 차지했던 첼시는 1라운드부터 무리뉴 감독과 팀닥터 사이의 논쟁이 이슈가 되며 홍역을 치르다가 결국 무리뉴 감독을 조기에 경질했다. 그런 첼시를 포함해 이 시즌 아스널의 경쟁자들 중 기대 이상의 성적을 거둔 팀은 포체티노 감독의 토트넘 정도가 유일했다.

아스널은 리그 1라운드 경기에서 웨스트햄에 0-2 패배를 당하며 불안하게 시즌을 시작했다. 그러나 그들은 2015년의 마지막 경기였던 본머스전에서 2-0 승리를 거두며 리그 1위에 올랐다. 그 시점에서 다른 대부분의 경쟁팀은 부진을 겪고 있었고, 리그 우승의 경쟁자는 레스터 시티와 토트넘뿐이었다. 때문에 많은 사람들이 이번 시즌이야말로 아스널이 리그 우승을 차지할 적기라고 믿었다.

그러나 이후 아스널은 여러 차례의 경기에서 스스로 무너졌다. 1월 24일 첼시와의 경기에서 경기 초반에 메르테자커가 퇴장을 당하며 첼시에 0-1로 패한 경기도 그 한 예였고, 2월 말에 열렸던 맨유와의 경기에서 2-3 패배를 당하고 스완지를 홈으로 불러들여서는 1-2로 무기력하게 패한 것이 결정적이었다.

그 사이 아스널은 홈으로 리그 경쟁자 레스터를 불러들여 선제골을 내주고도 2-1로 역전승을 하며 우승을 할 수 있다는 분위기를 되찾기도 했다. 그러나 꼭 이겨야 하는 경기, 혹은 이길 수 있는 경기에서 허무하게 승점을 잃은 것이 결국 그들의 발목을 붙잡고 말았다. 시즌 후반기, 창단 이후 구단 역사상 첫 리그 우승을 눈앞에 둔 레스터 시티는 초인적인 힘을 발휘하며 리그 우승을 확정 지었다. 아스널의 작은 위안이라면, 리그 최종전에서 아스톤 빌라에 승리하며 토트넘보다 높은 리그 2위의 순위로 시즌을 마쳤다는 점이었다.

이 시즌 아스널은 국내 컵대회에서도 질 상대가 아닌 팀에 연거푸 패하며 무너졌다. 리그컵에서는 셰필드 유나이티드에 0-3으로 패하며 일찌감치 탈락했고, 3년 연속 우승을 노렸던 FA컵에서는 왓포드와의 홈

경기에서 1-2로 패하며 기회를 놓치고 말았다.

아스널 팬들의 또 다른 숙원인 챔피언스리그에서는 또 다시 바르셀로나를 16강에서 만나 메시, 수아레스, 네이마르에게 골을 내주며 탈락했다. 1, 2차전 중 아스널의 유일한 골을 기록한 선수는 겨울 이적시장에 합류한 미드필더 엘네니였다.

90 | 2016/2017시즌, 벵거 감독 아래 처음 차지한 리그 5위와
또 한 번의 FA컵 우승

두 시즌 연속 차지한 FA컵 우승, 그리고 이어진 실망스러운 무관의 시즌을 지나 벵거 감독의 계약상 마지막 1년이었던 2016/2017시즌이 시작되었다. 아스널은 일찌감치 분데스리가에서 좋은 활약을 했던 미드필더 그라닛 자카와 유망주 수비수 롭 홀딩을 영입했고, 이적시장 마감을 앞두고는 독일 국가대표팀 수비수 무스타피, 스페인 출신 공격수 루카스 페레즈를 영입했다.

아스널은 1라운드에 리버풀을 상대로 3-4로 패배하며 불안한 출발을 하는 것처럼 보였으나, 그 후로 12월 중순까지 리그에서 한 번도 패하지 않았다. 10월에는 맨시티와 함께 승점이 같은 리그 공동 선두로 올라섰다. 이 기간 중 아스널은 콘테 감독이 이끈 첼시를 격파하는 등 여러 가지 면에서 긍정적인 요소를 보여 주기도 했다. 특히 산체스는 자신의 기량을 활짝 만개했다.

그러나 아스널은 지난 시즌과 마찬가지로 꾸준하지 못한 모습을 보

아스널의 13번째 FA컵 우승 트로피를 든 아스널 주장 메르테자커

이며 결국 또 한 번 무너지고 말았다. 특히 웨스트 브롬에 1-3, 크리스탈 팰리스에 0-3으로 패한 리그 경기는 충격적인 결과였다. 4위를 확보하기 위해 반드시 이겨야만 했던 북런던 더비에서도 알리, 케인에게 골을 내주며 0-2로 패하고 말았다. 아스널은 그 후 5월에 5연승을 거뒀지만 결국 리그 최종전에서 또 다시 리버풀에게 패하며 그들에게 승점 1점이 뒤진 5위로 리그를 마쳤다.

아스널이 2004/2005시즌 이후 긴 무관의 세월을 겪을 때도 벵거 감독이 인정을 받아 왔던 가장 큰 이유는, 그가 상황이 어려운 가운데서도 팀을 매년 챔피언스리그에 진출시켜 왔다는 것이었다. 그 '신화'가 무너진 이 시즌은 공교롭게도 벵거 감독의 계약 기간이 종료되는 때이기도 했다. 때문에 이제는 그를 떠나 보내야 한다는 팬들과, 그래도 그가 아스널에 남아야 한다는 팬들 사이의 공방이 시즌 내내 계속됐다.

챔피언스리그 16강에서 또 다시 바이에른 뮌헨을 만난 대진도 아스널과 벵거 감독 모두에게 불운이었다. 1, 2차전 두 차례의 대결에서 아스널은 뮌헨에 합산스코어 2-10으로 비참하게 무너졌다.

벵거 감독의 거취 문제로 내내 어수선했던 이 시즌, 아스널의 유일한 위안은 또 한 번 FA컵에서 나왔다. 아스널은 프레스턴, 사우스햄튼, 서튼, 링컨 시티를 꺾고 준결승에 진출해 맨시티를 2대1로 제압하며 결승에 진출, 리그 우승을 확정 짓고 더블을 노리던 첼시와 만났다. 첼시와의 결승전에서 전반 초반 산체스의 골로 앞서나간 아스널은 후반 31분 코스타에게 동점골을 내주며 분위기가 꺾이는 듯했으나, 그로부터 3분 후에 터진 램지의 결승골로 잉글랜드 FA컵 최다 우승 기록인 13번째 우승을 차지했다.

91 | 벵거 감독의 재계약과
기로에 선 아스널

우리의 목표는 프리미어리그를 포함해 유럽의 메이저 대회에서 우승을 차지하는 것이다. 우리는 아르센 벵거가 우리를 그 목표에 다가가게 해 줄 최고의 인물이라고 믿는다. ―스탄 크론케 아스널 구단주

―

나는 이 클럽을 사랑한다. 아스널은 강한 선수단을 보유했으며 몇몇 보강을 더한다면 더 큰 성공을 거둘 수 있을 것이라고 생각한다. ―아르센 벵거

벵거 감독의 거취를 두고 많은 이야기가 오고 갔던 2016/2017시즌 종료 후, 아스널은 벵거 감독의 재계약을 공식 발표했다. 이에 대한 팬들의 의견은 크게 갈렸지만, 벵거 감독은 아스널을 2019년까지 계속 이끌게 되었다.

직전 시즌에 벵거 부임 후 처음 4위권을 벗어난 부정적인 리그 성적에도 불구하고, FA컵 우승으로 잉글랜드 최다 FA컵 우승 기록(13회)을 달성하며 아스널을 둘러싼 분위기는 많이 달라지는 것처럼 보였다. 또한 아스널은 오랫동안 노려 온 공격수 알렉산드르 라카제트를 영입하는 데 5,200만 파운드에 달하는 구단 역대 최다 이적료를 투자하며 새 시즌을 맞이했다.

그러나 그들은 8월에 가진 리그 세 경기에서 많은 벵거 비판론자들이 지적했던 우려를 다시 수면 위로 떠오르게 하는 결과를 내고 말았다. 특히 리버풀 원정에서 당한 0-4 패배는, 팬들은 물론 아스널 최고의 레전드 티에리 앙리마저 "도저히 볼 수가 없다"는 비판을 할 정도였다.

벵거 감독과 아스널이 함께했던 20년 이상의 세월을 돌아볼 때, 이 8월 성적이 그대로 시즌 전체로 이어질 것이라고 볼 수는 없다. 더 나아가 그들의 130년 전체 역사 속에서 아스널은 이보다 더한 위기도 수없이 극복해 냈던 명문 클럽이다.

다만 2017년 현재의 아스널이 아주 중대한 기로에 서 있다는 것만큼은 부정할 수 없는 사실이다. 벵거 감독이 2019년까지의 재계약으로 보장받은 2년은, 그가 아스널에서 머무르는 마지막 기간이 될 가능성이 대단히 높다. 현재 아스널을 둘러싸고 아주 많은 문제 제기와 비판이 이어지고 있지만, 벵거의 아스널이 낼 수 있는 결과는 사실 단순하다. 이 위기를 이겨 내고 팬들이 염원하는 프리미어리그, 더 나아가 챔피언스리그 우승을 차지하며 유종의 미를 거두는 것, 아니면 벵거의 시대를 끝내고 새로운 시대를 여는 것. 그 중 어떤 결과가 나올지는 오직 시간만이 답해 줄 것이다. 현재의 아스널 팬들은 아스널의 역사에서 중대한 기로를 지켜보고 있는 것이다.

아르센 벵거는 아스널의 130년 역사에서 허버트 채프먼 감독과 함께 가장 중요한 인물로 평가받는다. 그렇기에 많은 아스널의 팬들은 그런 벵거와 아스널의 '해피 엔딩'을 바라고 있다.

그러나 한 가지 분명한 사실이 있다. 아스널의 역사는 아르센 벵거의 역사보다 훨씬 거대하다. 그리고 아스널은 벵거 감독이 오기 이전에도 이미 잉글랜드를 대표하는 명문이자 빅클럽이었다. 벵거의 아스널이 어떤 귀결을 맞이하든, 앞으로도 아스널은 그런 존재로 남을 것이다.

부록

아스널 49경기 무패 기록 (2003.05.07 ~ 2004.10.16)

	경기	승	무	패	득점	실점	승점
홈경기	25	20	5	0	63	21	65
원정경기	24	16	8	0	49	14	56
총	49	36	13	0	112	35	121

49경기 무패 시기 주요 선수 기록

이름	선발 출전	교체 출전	골
티에리 앙리	48	–	39
콜로 투레	47	1	1
얀스 레만	47	–	–
로베르 피레스	40	5	23
로렌	39	2	–
솔 캠벨	38	–	1
질베르토 실바	36	3	4
프레디 융베리	35	4	10
애슐리 콜	35	–	1
패트릭 비에이라	34	–	3
데니스 베르캄프	29	10	7
레이 팔러	18	9	–
파스칼 시강	15	8	–
에두	14	19	2
호세 안토니오 레예스	14	8	8
가엘 클리시	8	8	–
실뱅 윌토르	8	4	3
세스크 파브레가스	6	2	1
은완코 카누	4	8	1
마틴 키언	3	7	–
제레미 알리아디에	3	7	–
저메인 페넌트	2	5	3

아스널 49경기 무패 일지

시즌	경기 수	경기일	홈팀	스코어	원정팀
2002 2003	1	2003.05.07	아스널	6–1	사우스햄튼
	2	2003.05.11	선더랜드	0–4	아스널
2003 – 2004	3	2003.08.16	아스널	2–1	에버튼
	4	2003.08.24	미들스브로	0–4	아스널
	5	2003.08.27	아스널	2–0	아스톤 빌라
	6	2003.08.31	맨시티	1–2	아스널
	7	2003.09.13	아스널	1–1	포츠머스
	8	2003.09.21	맨유	0–0	아스널
	9	2003.09.26	아스널	3–2	뉴캐슬
	10	2003.10.04	리버풀	1–2	아스널
	11	2003.10.18	아스널	2–1	첼시
	12	2003.10.26	찰튼	1–1	아스널
	13	2003.11.01	리즈	1–4	아스널
	14	2003.11.08	아스널	2–1	토트넘
	15	2003.11.22	버밍엄	0–3	아스널
	16	2003.11.30	아스널	0–0	풀럼
	17	2003.12.06	레스터 시티	1–1	아스널
	18	2003.12.14	아스널	1–0	블랙번
	19	2003.12.20	볼튼	1–1	아스널
	20	2003.12.26	아스널	3–0	울브스
	21	2003.12.29	사우스햄튼	0–1	아스널
	22	2004.01.07	에버튼	1–1	아스널
	23	2004.01.10	아스널	4–1	미들스브로
	24	2004.01.18	아스톤 빌라	0–2	아스널
	25	2004.02.01	아스널	2–1	맨시티
	26	2004.02.07	울브스	1–3	아스널
	27	2004.02.10	아스널	2–0	사우스햄튼
	28	2004.02.21	첼시	1–2	아스널
	29	2004.02.28	아스널	2–1	찰튼
	30	2004.03.13	블랙번	0–2	아스널
	31	2004.03.20	아스널	2–1	볼튼
	32	2004.03.28	아스널	1–1	맨유
	33	2004.04.09	아스널	4–2	리버풀
	34	2004.04.11	뉴캐슬	0–0	아스널
	35	2004.04.16	아스널	5–0	리즈
	36	2004.04.25	토트넘	2–2	아스널
	37	2004.05.01	아스널	0–0	버밍엄
	38	2004.05.04	포츠머스	1–1	아스널
	39	2004.05.09	풀럼	0–1	아스널
	40	2004.05.15	아스널	2–1	레스터
2004 – 2005	41	2004.08.15	에버튼	1–4	아스널
	42	2004.08.22	아스널	5–3	미들스브로
	43	2004.08.25	아스널	3–0	블랙번
	44	2004.08.28	노리치	1–4	아스널
	45	2004.09.11	풀럼	0–3	아스널
	46	2004.09.18	아스널	2–2	볼튼
	47	2004.09.25	맨시티	0–1	아스널
	48	2004.10.02	아스널	4–0	찰튼
	49	2004.10.16	아스널	3–1	아스톤 빌라

아스널 최다 득점자 TOP 15

순위	이름	경기 수	득점
1	티에리 앙리	377	228
2	이안 라이트	288	185
3	클리프 바스틴	396	178
4	존 레드포드	481	149
5	지미 브레인	232	139
6	테드 드레이크	184	139
7	도그 리쉬먼	244	137
8	로빈 반 페르시	278	132
9	조 흄	374	125
10	데이비드 잭	208	124
11	데니스 베르캄프	423	120
12	렉 루이스	176	118
13	앨런 스미스	347	115
14	잭 램버트	161	109
15	프랭크 스태플튼	300	108

아스널 팬들이 선정한 가장 위대한 아스널 선수 TOP 20

순위	이름	경기 수	득점
1	티에리 앙리	377	228
2	데니스 베르캄프	423	120
3	토니 아담스	669	48
4	이안 라이트	288	185
5	패트릭 비에이라	406	33
6	로베르 피레스	284	84
7	데이비드 시먼	564	0
8	리암 브래디	307	59
9	찰리 조지	179	49
10	팻 제닝스	327	0
11	프레드릭 융베리	328	72
12	마크 오베르마스	142	41
13	은완코 카누	198	44
14	데이비드 오리어리	722	14
15	솔 캠벨	211	12
16	데이비드 로카슬	277	34
17	팻 라이스	528	13
18	클리프 바스틴	396	178
19	레이 팔러	466	32
20	마틴 키언	449	8

*2008년, 아스널 공식 홈페이지 투표

아스널 최다 경기 출전자 TOP 10

순위	이름	경기 수	득점
1	데이비드 오리어리	722	14
2	토니 아담스	669	48
3	조지 암스트롱	621	68
4	리 딕슨	619	28
5	나이젤 윈터번	584	12
6	데이비드 시먼	564	0
7	팻 라이스	528	13
8	피터 스토레이	501	17
9	존 레드포드	481	149
10	피터 심슨	477	15

아스널 팬들이 선정한 아스널 역대 드림팀

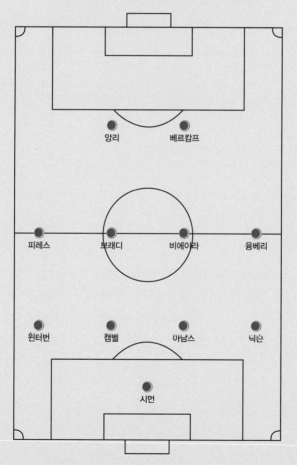

Arsenal FC